Na abertura do Sermão do Monte, necessário para ser bem-aventurado. O que muitos não sabem é que *bem-aventurado* significa *feliz*. O segredo da felicidade que tantos buscam está na simplicidade de coração, na pacificação e também no serviço ao Reino. Eu louvo a Deus pela vida da minha querida filha, Ana, do meu precioso genro, Gustavo, e por este livro que traduz tão bem a realidade do que significa a verdadeira felicidade. Que o Senhor fale profundamente ao seu coração por meio desta leitura.

Márcio Valadão
Pastor da Igreja da Lagoinha,
Belo Horizonte

O segredo de ser feliz está no nosso Senhor e Salvador Jesus Cristo. Comprovamos que a Escritura nos leva à plenitude, e essa é a vontade de Deus para nós. Parabéns, pastores Gustavo e Ana Bessa, por este lindo texto que nos aponta o caminho da felicidade.

Deus os abençoe!

Jonatas e Ana Lúcia Câmara
Pastores da Igreja Evangélica
Assembleia de Deus no Amazonas

Este livro, do amado pastor Gustavo Bessa e sua ilustre esposa, Ana Bessa, será um instrumento do Senhor para quebrantar o seu coração, como aconteceu comigo. Há uma ênfase clara sobre quem é a fonte da verdadeira alegria, do verdadeiro contentamento e da verdadeira felicidade: Jesus Cristo, o nosso Senhor. Além de estabelecer essa posição bíblica explicitamente, os autores nos ensinam a celebrar as alegrias secundárias — como trabalho, afetividade, casamento, lazer e outras — no tempo da nossa peregrinação nesta vida, sempre focados em Cristo, em sua Palavra e no poder do Espírito Santo. Recomendo a leitura. Oro para que cada leitor aproveite as boas lições compartilhadas e pratique-as no dia a dia. Fazendo assim, sua vida florescerá e frutificará. Parabéns aos autores.

Jeremias Pereira da Silva
Pastor da Oitava Igreja Presbiteriana
de Belo Horizonte

A pergunta que todo mundo faz é: "Como alcançar a felicidade?". Acreditamos que a resposta não está em uma fórmula ou em um conceito humanista, mas em um caminho proporcionado por Deus. Por isso, a leitura desta obra é extremamente preciosa. Com ela, você descobrirá que a felicidade está mais perto do que imagina, pronta para ser desfrutada. Nossos amigos Gustavo e Ana pavimentaram o caminho para que você também chegue lá. É só dar o primeiro passo!

Arthur e Talitha Pereira
Autora do best-seller Deixe-me apresentar você,
pastores da Igreja do Amor, Recife

Meus amigos Gustavo e Ana Paula Bessa guiam-nos, de forma bíblica e prática, em uma importante jornada de avaliação e definição da felicidade. Eles demonstram não apenas que ela é possível, como também sinalizam seu caminho de modo prático e centrado em Jesus.

Luciano Subirá
Autor do best-seller Graça transformadora e
líder do Orvalho.com, Curitiba

Os melhores endossos para um livro são a vida dos autores. Nas circunstâncias mais sombrias, vi Ana e Gustavo transformarem seu "luto em dança". Eles permaneceram fiéis à felicidade, mesmo em meio a circunstâncias terríveis, e também ensinarão você a fazer isso.

Este livro bíblico e perspicaz irá desbloquear o seu tesouro de alegria e liberar a felicidade na sua vida cotidiana.

Devi Titus
Autora e oradora
Kingdom Global Ministries [Ministérios Globais do Reino]
Keller, TX, EUA

Este delicioso livro de Ana Paula e Gustavo Bessa com certeza liberará em você uma fonte de alegria contagiante. Jesus prometeu à mulher samaritana que, se ela cresse nele, teria uma fonte de água que nunca secaria. Nada é mais refrescante do que uma fonte artesiana da qual jorra continuamente água fresca e borbulhante. Neste caso, a fonte é Jesus, e o transbordamento vivificante é alegria e felicidade. Depois de ler este livro, você se tornará um "faz-tudo feliz" onde quer que vá.

Larry Titus
Presidente do Kingdom Global Ministries
[Ministérios Globais do Reino]
Keller, TX, EUA

O CAMINHO DA FELICIDADE

Dados Internacionais de Catalogação na Publicação (CIP)
(Câmara Brasileira do Livro, SP, Brasil)

Bessa, Gustavo
   O caminho da felicidade : não está longe de você / Gustavo Bessa & Ana Paula Valadão Bessa. -- 1. ed. -- São Paulo : Editora Vida, 2022.

   ISBN 978-65-5584-287-6
   e-ISBN 978-65-5584-289-0

   1. Bem-aventuranças 2. Felicidade - Aspectos religiosos 3. Jesus Cristo I. Título.

22-106600   CDD-226.9306

Índices para catálogo sistemático:
   1. Felicidade : Bem-aventuranças : Jesus Cristo   226.9306
   Cibele Maria Dias - Bibliotecária - CRB-8/9427

GUSTAVO BESSA &
ANA PAULA VALADÃO BESSA

O CAMINHO DA FELICIDADE

NÃO ESTÁ LONGE DE VOCÊ

Editora Vida
Rua Conde de Sarzedas, 246 — Liberdade
CEP 01512-070 — São Paulo, SP
Tel.: 0 xx 11 2618 7000
atendimento@editoravida.com.br
www.editoravida.com.br
@editora_vida /editoravida

Editor responsável: Gisele Romão da Cruz
Editor-assistente: Amanda Santos
Preparação de texto: Magno Paganelli
Revisão de provas: Sônia Freire Lula Almeida
Projeto gráfico e diagramação: Claudia Fatel Lino
Capa: Nathan E. Schutz

O CAMINHO DA FELICIDADE
©2022, Gustavo Bessa e Ana Paula Valadão Bessa

Todos os direitos desta edição em língua portuguesa reservados e protegidos por Editora Vida pela Lei 9.610, de 19/02/1998.

É proibida a reprodução desta obra por quaisquer meios (físicos, eletrônicos ou digitais), salvo em breves citações, com indicação da fonte.

■

Exceto em caso de indicação em contrário, todas as citações bíblicas foram extraídas de *Nova Versão Internacional* (NVI) © 1993, 2000, 2011 by International Bible Society, edição publicada por Editora Vida. Todos os direitos reservados.

Todas as citações bíblicas e de terceiros foram adaptadas segundo o Acordo Ortográfico da Língua Portuguesa, assinado em 1990, em vigor desde janeiro de 2009.

■

As opiniões expressas nesta obra refletem o ponto de vista de seus autores e não são necessariamente equivalentes às da Editora Vida ou de sua equipe editorial.

Os nomes das pessoas citadas na obra foram alterados nos casos em que poderia surgir alguma situação embaraçosa.

Todos os grifos são dos autores, exceto indicação em contrário.

1. edição: abr. 2022
1. reimp.: ago. 2022
2. reimp.: jan. 2023

Esta obra foi composta em *Minion Pro*
e impressa por Gráfica Expressão e Arte sobre papel
Pólen Natural 80 g/m² para Editora Vida.

Aos nossos filhos, Isaque, cujo nome significa "riso"; e ao caçula, Benjamim, a quem o Senhor chamou de nossa dupla alegria.

Agradecimentos

A Deus;

À família;

Aos amigos mais chegados que irmãos;

À Igreja Diante do Trono;

Aos que ouvem as nossas músicas, participam dos nossos congressos, leem os nossos livros, e nos encorajam a prosseguir servindo o corpo de Cristo com o nosso ministério;

Aos parceiros da Missão DT.

Finalmente, à Editora Vida,

Muito obrigado.

Sumário

	Introdução	15
CAPÍTULO 1	Jesus e a felicidade	19
CAPÍTULO 2	Paulo e a felicidade	45
CAPÍTULO 3	As disciplinas espirituais e a felicidade	59
CAPÍTULO 4	O descanso e a felicidade	81
CAPÍTULO 5	A identidade e a felicidade	101
CAPÍTULO 6	O casamento e a felicidade	121
APÊNDICE 1	A felicidade no trabalho	141
APÊNDICE 2	João e a felicidade	151

INTRODUÇÃO

Uma das frases mais conhecidas da Declaração da Independência Americana cita a felicidade como um direito inalienável de todas as pessoas. No documento da Independência dos Estados Unidos, os pais fundadores da nação escreveram: "Consideramos estas verdades como autoevidentes, que todos os homens são criados iguais, que são dotados pelo Criador de certos direitos inalienáveis, que entre estes estão a vida, a liberdade e a busca da felicidade".[1] Todas as pessoas buscam a felicidade, ainda que nem todas saibam como poderiam definir uma vida feliz.

Em um de seus livros,[2] James Houston discorre sobre as diversas definições que os filósofos gregos e romanos deram para a felicidade. Ele escreveu que Demócrito tinha identificado a felicidade como uma mente alegre ou, como chamamos hoje, pensamento positivo. Houston afirmou que Aristóteles associava a felicidade a uma vida com propósitos e ao exercício intelectual. Já Epicuro entendia que a felicidade estava relacionada à paz mental, e o filósofo Pirro ensinava que a felicidade era resultado do desapego de

---

[1] **The Declaration of Independence**. Disponível em: <https://www.archives.gov/founding-docs/declaration>. Acesso em: 26 mar. 2022. [Tradução livre.]

[2] HOUSTON, James. **A felicidade**: em busca de uma vida verdadeira e plena. Trad. José Fernando Cristófalo. Brasília: Palavra, 2009.

coisas materiais. Ainda segundo Houston, "Marco Terêncio Varrão, filósofo romano, [...] interpretou a felicidade de 228 maneiras distintas".[3] Como vemos, a felicidade é um tema bastante complexo, extensamente discutido e repleto de nuances, podendo ser apreciado por ângulos diferentes.

Queremos contribuir para a discussão sobre a felicidade. O nosso ponto de partida é a experiência que temos com Jesus. Essa experiência não se deu no vácuo, mas no contexto da leitura da Escritura, do cultivo da oração e do ambiente da adoração. Cremos que Jesus é quem pode nos apontar o caminho da felicidade. Por isso, no primeiro capítulo do livro, mostraremos como Jesus descreveu o caminho da felicidade no Sermão do Monte. A entrega total a Deus é a ênfase de cada bem-aventurança. No segundo capítulo, abordaremos a compreensão que o apóstolo Paulo tinha sobre a felicidade. Para Paulo, a felicidade é vivida com base na nossa posição "em Cristo" e em uma vida cheia do Espírito Santo. No terceiro capítulo, falaremos sobre como é possível cultivar uma vida feliz, mostrando que a vida em Cristo e o enchimento do Espírito Santo requerem de nós uma atitude, que tem a ver com a nossa decisão de fazer uso das disciplinas espirituais. No quarto capítulo, focalizaremos a importância do descanso para o cultivo de uma vida feliz. A nossa vida "em Cristo" deve nos levar a viver o descanso que Deus tem para nós na terra. A partir do capítulo cinco, mostraremos qual é a relação entre identidade, trabalho e casamento com a felicidade. Nos apêndices,

---

[3] HOUSTON, James. **A felicidade**: em busca de uma vida verdadeira e plena, p. 58.

Introdução

a relação da felicidade com o trabalho foi abordada com a contribuição de Rita França, gestora do Diante do Trono, e o texto sobre a felicidade no Evangelho de João foi escrito pelo pastor Carlos França, responsável pelo pastoreio dos missionários da Missão Diante do Trono (DT).

Durante sua leitura, você perceberá que alguns exemplos são ditos em primeira pessoa por um de nós. Escolhemos apresentar a visão do Gustavo nos capítulos iniciais. Há, também, uma visão singular da Ana no capítulo sobre o casamento e a felicidade. Todo o pensamento e forma deste livro foram pensados por nós para abençoar a sua vida.

Esperamos que você aprecie a leitura deste livro e que, de alguma maneira, consigamos contribuir para o seu entendimento do que seja uma vida feliz vivida diante do trono.

GUSTAVO E ANA PAULA BESSA

felicidade

CAPÍTULO 1

JESUS E A
felicidade

"A glória do evangelho é esta: quando a igreja é completamente diferente do mundo, ela inevitavelmente chama a atenção do mundo."[1]

– MARTYN LLOYD-JONES

O mundo em que Jesus viveu não é muito diferente do mundo em que nós vivemos. Ele viveu em um tempo de muita instabilidade política, social e econômica. Havia paz, a *Pax Romana*, porque os exércitos romanos ocupavam as cidades, as estradas, as regiões e até os mares. Insatisfações e revoltas eram comuns e violentamente sufocadas pelos soldados. Lucas mencionou pelo menos dois movimentos político-sociais que foram reprimidos pelos romanos.[2] Um desses movimentos foi liderado por um indivíduo chamado Teudas, que se considerava profeta e libertador do povo. Ele conseguiu atrair muita gente insatisfeita com a dominação romana. Mas, ao chegar às margens do rio Jordão (imaginando que as águas iriam se partir como havia acontecido com Josué), os soldados

---

[1] LLOYD-JONES, D. M. **Studies in the Sermon on the Mount**. Kindle Locations, [s.d.]. p. 463-464. Kindle Edition. [Tradução livre.]
[2] Atos 5.36,37.

romanos cercaram as pessoas, decapitaram Teudas e mataram ou prenderam muitos de seus seguidores.

O outro movimento mencionado por Lucas foi liderado por Judas, o galileu, que se levantou contra a cobrança de impostos durante o governo de Quirino. O movimento de Judas foi sufocado, mas, segundo o historiador Flavio Josefo, "lançou as bases para a criação do grupo dos zelotes no judaísmo, um movimento que cresceu de tal maneira que, menos de vinte cinco anos depois do discurso de Gamaliel,[3] iniciou a guerra total contra os romanos".[4] Essa guerra total resultou na destruição de Jerusalém no ano 70 d.C. e na dispersão dos judeus por diferentes regiões no mundo conhecido.

Foi nesse contexto de sensibilidade social, ansiedade econômica e hostilidade militar que Jesus veio ao mundo, pregando uma mensagem completamente diferente daquela que as pessoas ouviam ou esperavam ouvir. Jesus não disse que a felicidade estava na autoafirmação dos judeus contra os romanos, tampouco na vitória depois da guerra. Ele não seguiu o movimento nem os discursos padrão de sua época. Antes, iniciou um novo movimento com uma mensagem paradoxal e inovadora. Em vez de dizer que felizes eram os poderosos, os orgulhosos, os durões, os valentões, os vingadores, os senhores da guerra, ele disse que felizes seriam os humildes de espírito, os que choram, os mansos, os misericordiosos, os pacificadores e até mesmo os perseguidos por causa da justiça! Em vez de chamar as pessoas para resolverem

---

[3] Atos 5.34,39.
[4] POLHILL, John B. *Acts*. **The New American Commentary**. Nashville: Broadman & Holman Publishers, 1992. v. 26, p. 173. [Tradução livre.]

os problemas com a força do próprio braço, ele as encorajou a confiar e a deixar a própria vida nas mãos de Deus.

A entrega total a Deus é a ênfase de cada bem-aventurança ensinada por Jesus. Segundo ele, cada pessoa expõe sua confiança em Deus de maneira particular. Uns rejeitam a soberba, outros choram e ainda há quem seja pacificador. Cada um desses indivíduos mostra que desistiu de confiar em si ou nos outros. Eles chegam à conclusão de que as respostas oferecidas pelo mundo são inócuas e mera vaidade. Por isso, dão as costas para o jeito do mundo, voltam-se para Deus, entregam-se ao Senhor, são recompensados e experimentam a felicidade.

Bem-aventurados os pobres em espírito (Mateus 5.3)

A humildade de espírito é uma daquelas poucas virtudes que, caso a pessoa diga que tem, muito provavelmente não a possui. É muito estranho e suspeito uma pessoa se voltar para outra e dizer: "Eu sou bastante humilde de espírito, sabia?". Entretanto, ainda que poucos possam falar acerca da própria humildade, existem muitas pessoas humildes no planeta. Essas pessoas são queridas por Deus, como declarou o salmista: "Porque o SENHOR se agrada do seu povo e exalta os humildes com a salvação".[5] Davi sabia disso, e por essa razão escreveu que "sacrifício agradável a Deus é o espírito quebrantado; coração quebrantado e contrito, não o desprezarás, ó Deus".[6] Deus não despreza, mas se agrada dos humildes de espírito. Ao encontrar alguém com o coração quebrantado, Deus se aproxima e decide habitar ali, como

---

[5] Salmos 149.4.
[6] Salmos 51.17.

ele mesmo disse: "Habito no alto e santo lugar, mas habito também com o contrito e abatido de espírito, para vivificar o espírito dos abatidos e vivificar o coração dos contritos".[7] Obviamente, onde a presença de Deus está, ali também há plenitude de alegria e delícias perpetuamente.[8] "Bem-aventurados os pobres [humildes] em espírito", declarou Jesus!

Se quisermos saber quais são algumas das características de uma pessoa humilde de espírito, podemos olhar para Moisés. Depois de ser quebrantado e entender que não poderia libertar o povo de Israel na força do próprio braço, Moisés se tornou um "homem muito manso, mais do que qualquer outro sobre a terra".[9] Ao falar sobre Moisés, João Crisóstomo, pregador do século IV, escreveu: "Ninguém foi mais humilde do que ele, o guia de tamanha multidão, que submergiu no mar o rei e todo o exército dos egípcios, como se fossem moscas, fez tantos milagres no Egito, tantos no mar Vermelho e no deserto, e, apesar de tal testemunho, sentia-se como um homem do povo".[10] Moisés se sentia um homem comum porque tinha a consciência de que os milagres, os sinais, as vitórias e as conquistas não eram mérito dele, mas de Deus, que o havia capacitado para libertar o povo. Ele sabia que, se a presença de Deus não estivesse com ele, Moisés, não poderia seguir para lugar nenhum com aquela multidão, nem mesmo se desacompanhado dela.[11]

---

[7] Isaías 57.15.
[8] Salmos 16.11.
[9] Números 12.3.
[10] CRISÓSTOMO, São João. **Patrística**: comentário às cartas de São Paulo. São Paulo: Paulus Editora [s.d.]. v. 27, n. 2, p. 14. Kindle Edition.
[11] Êxodo 33.15.

Em vez de bater no peito e dizer: "Eu consegui! Eu venci os meus inimigos! Olhem para mim! Eu sou demais!", ele disse para as pessoas: "Cantarei ao SENHOR, porque triunfou gloriosamente; lançou no mar o cavalo e o seu cavaleiro".[12]

Jesus contou uma parábola, mostrando a diferença entre o soberbo e o humilde de espírito. Ele disse que o soberbo orava de si para si mesmo, dizendo: "Ó Deus, graças te dou porque não sou como os demais homens [Eu sou demais! Eu sou extraordinário! Eu sou muito disciplinado espiritualmente!]. Jejuo duas vezes por semana e dou o dízimo de tudo o que ganho".[13] Aquele indivíduo dava graças a Deus, não por causa da graça de Deus sobre a sua vida, mas porque se achava muito bom em comparação com as demais pessoas. Apesar de parecer tão espiritual, Jesus afirmou que Deus resistiu àquele homem, e ele não foi justificado nem aliviado de seus pecados para casa. Jesus disse que, na mesma hora, do outro lado do templo, havia um homem com o coração quebrantado que "nem mesmo ousava levantar os olhos para o céu, mas batia no peito, dizendo: 'Ó Deus, tem pena de mim, que sou pecador!' ".[14] Esse homem não confiava na sua própria disciplina nem em sua espiritualidade, apesar de estar no templo orando. Ele sabia que, se Deus não fizesse algo na vida dele, ele estaria perdido. Jesus assegurou que esse homem, não o primeiro, voltou justificado, aliviado e feliz para sua casa: "Porque todo o que se exalta será humilhado; mas o que se humilha será exaltado".[15]

---

[12] Êxodo 15.1.
[13] Lucas 18.11,12.
[14] Lucas 18.13.
[15] Lucas 14.11.

Eu, Gustavo, sei bem o que é isso... Quando eu era noivo da Ana, fomos ministrar com o Diante do Trono na cidade de Londrina. Ela me pediu para pregar naquela noite, e eu achei que a minha pregação traria a glória de Deus àquele ginásio. "Afinal", eu pensava, "oro durante uma hora todos os dias, eu jejuo todos os meses e estudo muito a Palavra de Deus." Como você pode imaginar, Deus me resistiu naquela noite; eu tive "um branco" na hora da pregação e saí humilhado da plataforma. Enquanto eu questionava a Deus, tentando entender o motivo por que ele não havia me usado, o Espírito Santo era derramado sobre as pessoas enquanto a Ana ministrava. Depois do evento, enquanto eu voltava para o hotel com o coração triste, a Ana retornava para o quarto dela tomada pela alegria do céu. Ela, sim, tinha experimentado a felicidade prometida por Jesus, que disse: "Bem-aventurados os pobres em espírito, pois deles é o Reino dos céus".

Bem-aventurados os que choram (Mateus 5.4)

Jesus afirmou que os que choram são felizes. Apesar de parecer um contrassenso, "estes paradoxos não são *non sense*, mas as mais profundas verdades, verdades que são tão profundas que a linguagem humana não pode expressar adequadamente",[16] escreveu o filósofo Ricardo Quadros. Enquanto a sociedade menospreza aqueles que choram e tentam ignorá--los, Deus se aproxima dos que choram e se move em favor deles. O Senhor não faz pouco caso das nossas lágrimas, mas as recolhe no seu odre e as anota em seu livro.[17]

---

[16] GOUVÊA, Ricardo Quadros. **Paixão pelo paradoxo**: uma introdução a Kierkegaard. São Paulo: Editora Novo Século, 2000. p. 139.
[17] Salmos 56.8.

As nossas lágrimas são valiosas e, em muitas ocasiões, Deus responde às nossas orações por causa delas. Quando o rei Ezequias orava e chorava por causa de sua doença, Deus mandou dizer a ele: "Ouvi sua oração e vi suas lágrimas; eu o curarei. Daqui a três dias você subirá ao templo do SENHOR".[18] As lágrimas e a oração de Ezequias comoveram o coração de Deus. O Senhor agiu em resposta às orações e lágrimas dele. Quem chora diante de Deus recebe o consolo do céu.

Todos nós conhecemos a história do profeta Samuel. Ele foi usado por Deus para definir a história da monarquia de Israel. Ele foi resposta às lágrimas e às orações de Ana que, "com amargura de alma, orou ao SENHOR e chorou muito".[19] As lágrimas dela foram tão "escandalosas" (apesar de silenciosas), que o sacerdote Eli pensou que ela estivesse embriagada.[20] Aquilo que Eli não entendeu Deus recebeu; aquilo que o sacerdote condenou Deus aprovou. Ana foi consolada depois de derramar o seu choro diante de Deus[21] e viveu o milagre de ser curada da esterilidade e de se tornar mãe, não somente de Samuel, mas de muitos outros filhos. A história dessa mulher chamada Ana é muito parecida com a história da minha Ana. Depois de seis anos de casamento e muitas lágrimas derramadas diante de Deus, o Senhor nos consolou com a chegada do nosso filho primogênito, Isaque. Como Jesus disse: "Bem-aventurados os que choram, pois serão consolados".

Deus traz esse consolo do céu nos tempos de avivamento. O consolo vem, porque as pessoas choram ao se

---

[18] 2Reis 20.5, NVI.
[19] 1Samuel 1.10.
[20] 1Samuel 1.13-14.
[21] 1Samuel 1.18.

verem diante da santidade de Deus. Escrevendo sobre o avivamento do século XVIII, Wesley Duewel disse:

> [John Wesley] começou a ver o Espírito Santo convencendo poderosamente as pessoas do pecado enquanto ele pregava. Pessoas bem-vestidas e maduras de repente clamavam como se estivessem às portas das agonias da morte. Homens e mulheres, de dentro e de fora dos prédios das igrejas, tremiam e iam ao chão. Quando Wesley parava e orava por eles, [eles] encontravam logo a paz e alegria em Cristo.[22]

Se quisermos saber quando Deus se manifesta em um lugar, o choro vem antes da felicidade, as lágrimas antecedem o riso e os suspiros de tristeza surgem antes dos gritos de alegria. Deus não nos traz o consolo e não nos presenteia com a felicidade enquanto não choramos diante de seu trono.

Bem-aventurados os mansos (Mateus 5.5)

Martin Lloyd-Jones, um pregador inglês, disse que uma pessoa mansa é alguém em quem "não existe nenhum espírito de retaliação".[23] Jesus era uma pessoa assim. Ele era "manso e humilde de coração",[24] "pois ele, quando insultado, não revidava com insultos; quando maltratado, não fazia ameaças, mas se entregava àquele que julga retamente",[25] escreveu Pedro. Mesmo quando estava na cruz, após ter sido

---

[22] DUEWEL, Wesley. **Fogo do avivamento**. São Paulo: Editora Hagnos. p. 58. Kindle Edition.

[23] LLOYD-JONES, D. M. **Studies in the Sermon on the Mount**. Kindle Locations, [s.d.]. p. 971-972. Kindle Edition. [Tradução livre.]

[24] Mateus 11.29.

[25] 1Pedro 2.2.

condenado injustamente, Jesus não murmurou contra o Pai, não criticou os discípulos por terem-no abandonado, não xingou as pessoas que escarneciam dele nem desejou a morte daqueles que o fizeram sofrer tanto. Jesus, no entanto, orou dizendo: "Pai, perdoa-lhes, porque não sabem o que fazem".[26]

A Bíblia diz que, ao entregar seu espírito ao Pai,[27] Jesus recebeu toda a terra por herança. A morte na cruz não foi uma derrota, mas o início de sua vitória sobre tudo e sobre todos. Na cruz, Jesus venceu publicamente os principados e as potestades.[28] Depois que ressuscitou dos mortos, ele se assentou à direita de Deus "acima de todo principado, potestade, poder, domínio e de todo nome que se possa mencionar, não só no presente século, mas também no vindouro.".[29] Mas esse lugar de exaltação e de conquista não teria sido dado a Jesus se ele não tivesse sido manso e humilde de coração. Porque "ele se humilhou [...] Deus o exaltou sobremaneira e lhe deu o nome que está acima de todo nome". [30]

O exemplo de Jesus marcou a vida da igreja. Quando foi injustamente apedrejado, Estêvão não desejou nenhuma vingança ou retaliação. Antes, orou em favor dos inimigos, pedindo a Deus que os perdoasse.[31] A sua mansidão afetou profundamente a consciência de Saulo. Anos depois, aquele Saulo — agora Paulo, ainda se lembrava do que presenciou no martírio de Estêvão.[32] No fim da vida, ao se

---

[26] Lucas 23.34.
[27] Lucas 23.46.
[28] Colossenses 2.15.
[29] Efésios 1.21.
[30] Filipenses 2.8,9.
[31] Atos 7.60.
[32] Atos 22.20.

ver abandonado por todos, Paulo não pensou em retaliação, mas pediu que Deus perdoasse as pessoas que haviam virado as costas para ele.[33] Mesmo estando no corredor da morte, Paulo não pensava em vingança, mas cria que Deus o livraria de toda obra maligna e o levaria a salvo para o Reino celestial. De sua boca não se ouvia murmuração, mas louvor, gratidão a Deus[34] e a certeza de que havia combatido o bom combate, completado a carreira e guardado a fé.[35]

O espírito manso sempre foi uma marca na vida dos seguidores de Jesus. A oração de Policarpo, um dos discípulos do apóstolo João, é mais um exemplo de como os cristãos devem reagir às afrontas. Estando amarrado na fogueira, "erguendo os olhos ao céu, disse: 'Senhor, Deus todo-poderoso [...] Eu te bendigo por me teres julgado digno deste dia e desta hora, de tomar parte entre os mártires [...] eu te louvo, te bendigo, te glorifico [...] Amém".[36] Em vez de gritos de revolta, Policarpo manteve o espírito manso e louvou a Deus. Ele sabia que não estava amarrado a uma estaca, mas seguro nas mãos de Deus que, segundo as testemunhas oculares, fez que o cheiro de seu martírio fosse como o cheiro de "um perfume semelhante a baforada de incenso ou a outro aroma precioso".[37]

A promessa de Jesus de que os mansos, ou humildes, herdarão a terra, se cumpriu de maneira inquestionável na vida dos cristãos dos primeiros séculos. O martírio de Policarpo

---

[33] 2Timóteo 4.16.
[34] 2Timóteo 4.18.
[35] 2Timóteo 4.7,8.
[36] PADRES Apostólicos. **Patrística**: padres apostólicos. São Paulo: Paulus Editora, [s.d.]. v. 1, p. 105. Kindle Edition.
[37] PADRES Apostólicos. **Patrística**: padres apostólicos, v. 1, p. 105.

não parou a igreja; ao contrário, injetou mais ânimo nos cristãos de seus dias. Tertuliano, que viveu depois da morte de Policarpo, escreveu que "quanto mais frequentemente somos ceifados por vocês, mais crescemos em número; o sangue dos cristãos é [a] semente [da igreja]". [38] Quanto mais os cristãos eram perseguidos, menos eles retaliavam; quanto mais eram atacados, mais cresciam em número. A terra não estava sendo conquistada pelos poderosos, mas pelos mansos.

Bem-aventurados os que têm fome e sede de justiça (Mateus 5.6)

Pensamos que todas as pessoas querem ver a justiça acontecer. Não é bem assim. Enquanto alguns têm fome e sede de justiça, outros têm fome e sede de poder pessoal e de controle sobre as pessoas. A justiça, nesses casos, se torna apenas um discurso de palavras vazias. No tempo de Jesus, por exemplo, os escribas e os fariseus falavam sobre justiça, mas não praticavam o que ensinavam.[39] Jesus disse que eles manipulavam os outros, atando fardos pesados sobre os ombros deles, "mas eles mesmos nem com o dedo querem movê-los".[40] O apóstolo Paulo também criticou os judeus que pregavam a justiça para manipular os outros e tirar vantagens pessoais:

> Você, pois, que ensina os outros, não ensina a si mesmo? Você, que prega que não se deve roubar, rouba? Você, que diz que não se deve cometer adultério, adultera? Você, que detesta

---

[38] TERTULLIAN. **The Complete Works of Tertullian** (33 Books): Cross-Linked to the Bible. Amazon.com. Kindle Edition. [Tradução livre.]
[39] Mateus 23.3.
[40] Mateus 23.4.

ídolos, rouba os templos? Você que se gloria na lei, desonra a Deus pela transgressão da lei? Pois, como está escrito: "O nome de Deus é blasfemado entre os gentios por causa de vocês".[41]

A consequência da falta de justiça é a chacota. As pessoas riem da verdade, sem se darem conta de que, no final, a verdade rirá delas. Vishal Mangalwadi, filósofo indiano cristão, mostrou como isso acontece. Ele disse que, certa vez, foi com um amigo holandês comprar leite em um estabelecimento onde não havia ninguém. Tudo funcionava automaticamente naquele lugar. O consumidor fazia todo o trabalho: pegava o leite, deixava o dinheiro no caixa e pegava o troco, caso houvesse necessidade. Ao ver isso, ele comentou com o amigo que qualquer indiano tiraria vantagem daquela situação. Ele levaria o leite sem deixar o dinheiro no caixa e riria da tolice do dono do estabelecimento. Entretanto, nem sempre quem ri primeiro ri melhor. A verdade sempre rirá por último! Como? Siga o raciocínio...

> Se [...] eu saísse com o dinheiro e o leite, o dono do laticínio teria de contratar alguém para trabalhar no caixa. Quem iria pagá-lo? Eu, o consumidor, e, com isso, o preço do leite subiria. Mas, se o consumidor fosse corrupto, por que o dono do laticínio deveria ser honesto? Ele adicionaria água ao leite para ganhar mais dinheiro. Eu então pagaria mais pelo leite adulterado. Aí eu reclamaria: : "O leite está adulterado; o governo precisa nomear fiscais". Quem iria pagar os fiscais? Eu, que pago impostos. Mas, se o consumidor, o produtor e o fornecedor

---

[41] Romanos 2.21-23.

são corruptos, por que os fiscais seriam honestos? Eles seriam subornados pelo fornecedor [...]. Quem pagaria pelo suborno? Mais uma vez eu, o consumidor, pagaria o custo adicional. Depois de pagar pelo leite, pelo empregado no caixa, pela água, pelo fiscal e pelo suborno, sobraria pouco dinheiro para eu comprar chocolate em pó para adicionar ao leite.[42]

Quem ri da verdade se esquece de que a verdade sempre rirá por último. A verdade sempre vencerá! A justiça sempre prevalecerá. Por essa razão é que os que têm fome e sede de justiça são felizes. Eles não viverão assustados nem sofrerão percalços no final da jornada. Pelo contrário, vão se alegrar, colhendo os bons frutos das sementes de justiça que lançaram na terra. Esses frutos podem demorar a brotar, mas eles certamente brotarão.

Bem-aventurados os misericordiosos (Mateus 5.7)

Mahatma Gandhi, que liderou o movimento pacífico pela independência da Índia, ensinava que, se praticarmos a lei do olho por olho, acabaremos todos cegos. Ele tinha razão. Todos nós já cometemos injustiças em algum momento da vida. Se não aprendermos a perdoar, não colheremos o perdão; se não exercermos misericórdia, não receberemos misericórdia. Sofreremos como aquele servo mau que, segundo a parábola contada por Jesus, foi entregue aos carrascos até que pagasse tudo o que devia.[43] Seremos atormentados e nos tornaremos prisioneiros dos nossos próprios sentimentos e

---

[42] **MANGALWADI, Vishal.** O livro que fez o seu mundo: como a Bíblia criou a alma da civilização ocidental. São Paulo: Editora Vida, 2012. p. 292-293.

[43] Mateus 18.21-35.

ações de retaliação. Desmond Tutu, vencedor do Prêmio Nobel da Paz em 1984, escreveu que "sem perdão, permanecemos atados àquele que nos prejudicou. Ficamos presos pelas correntes da amargura, juntos, aprisionados. Até conseguirmos perdoar, a outra pessoa deterá as chaves da nossa felicidade; esse indivíduo será o nosso carcereiro". [44] Sem o perdão não existe libertação.

Mas, se o perdão acontece, a nova vida se torna possível! Se o juízo é sem misericórdia sobre quem não usou de misericórdia, a misericórdia triunfa sobre o juízo[45] e abre as portas da nossa prisão. A partir de então, passamos a ver o mundo com outros olhos e nos abrimos para experimentar a liberdade concedida pela felicidade. Desmond Tutu afirmou:

> [...] quando adoto uma atitude de perdão, não de ressentimento, não apenas perdoo um ato em particular; eu me torno uma pessoa mais compassiva. Com uma atitude de ressentimento, olho para o mundo e vejo que está tudo errado. Contudo, quando adoto uma atitude de perdão, começo a ver o mundo não através do ressentimento, mas através da gratidão. Em outras palavras, olho para o mundo e começo a ver o que está certo.[46]

Eu me torno mais misericordioso para com as pessoas à minha volta. Em vez de reagir quando me sentir ferido, me esforço para compreender a razão de as pessoas terem

---

[44] DESMOND, Tutu; TUTU, Mpho. **O livro do perdão**. Editora Valentina, [s.d.]. p. 21. Kindle Edition.
[45] Tiago 2.13.
[46] TUTU, Desmond; TUTU, Mpho. **O livro do perdão**. Editora Valentina, [s.d.]. p. 183. Kindle Edition.

agido de uma maneira mais agressiva. Atos de misericórdia sempre criam ambientes repletos de misericórdia.

Eu, Gustavo, vejo isso na minha casa. Poucos dias antes de começar a escrever este livro, precisei confrontar um dos meus filhos por causa de algo errado que ele estava fazendo. Enquanto conversava com ele, lembrava-me da minha adolescência e de como eu mesmo fui alvo da misericórdia dos meus pais. Trouxe esse tema para a conversa, mostrei que entendia as lutas dele, mas que, ainda assim, entendia pela Palavra de Deus que ele havia pecado e precisava se arrepender. Por causa das minhas palavras compassivas e daquele ambiente de graça, o meu filho não ficou com medo de confessar o pecado e pedir perdão a Deus. No final da conversa, ele me agradeceu e me abraçou com os olhos cheios de lágrimas, mas lágrimas de felicidade. A misericórdia abriu as portas para a confissão, para o perdão e para uma vida repleta de misericórdia.

O apóstolo Paulo sabia o que era isso. De perseguidor da igreja, ele se tornou um plantador de igrejas; de acusador de outras pessoas, ele se tornou um agente de reconciliação de pessoas que haviam rompido suas relações. Ele disse ter recebido misericórdia para que: "em mim, que sou o principal pecador, Cristo Jesus pudesse mostrar a sua completa longanimidade, e eu servisse de modelo para todos os que hão de crer nele para a vida eterna".[47] Paulo sabia quanto Jesus o havia perdoado, e, por isso, quando os crentes da Galácia se voltaram contra ele, Paulo estendeu misericórdia, chamando-os de "meus filhos, por quem, de novo, estou sofrendo as dores de parto, até que Cristo seja formado em vocês".[48]

---

[47] 1Timóteo 1.16.
[48] Gálatas 4.19.

Em vez de se voltar contra os judeus, que estavam desviando os gálatas da fé, Paulo os amou, conforme escreveu, anos depois na carta aos crentes de Roma: "O desejo do meu coração e a minha súplica a Deus em favor deles [os judeus] é para que sejam salvos. Porque dou testemunho a favor deles de que têm zelo por Deus, porém não com entendimento".[49] Quem experimentou misericórdia, oferece misericórdia, crendo que Deus é poderoso para salvar até mesmo o pior dos pecadores.

Bem-aventurados os limpos de coração (Mateus 5.8)

Jesus condenou os religiosos do seu tempo, chamando-os de hipócritas. Em diversas ocasiões, ele atacou abertamente a vida dupla daqueles homens. Certa vez, diante das multidões, ele disse: "Ai de vocês, escribas e fariseus, hipócritas, porque vocês limpam o exterior do copo e do prato, mas estes, por dentro, estão cheios de roubo e glutonaria!".[50] Ainda que, do lado de fora, eles parecessem pessoas justas, por dentro, estavam cheios de hipocrisia e maldade.[51] Isso porque eles conheciam a Deus, mas não viviam conforme a verdade; a sentença contra eles era um "Ai", que, no contexto hebraico, significava condenação e banimento da presença de Deus.

Mesmo não tendo a capacidade que Jesus tinha de sondar mentes e corações, nós costumamos criticar muitas pessoas, apontando o dedo em sua direção. Nós as chamamos de religiosas e aproveitadoras, acreditando que somos infinitamente melhores do que elas. Nós nos esquecemos de que também usamos algumas máscaras, e essas máscaras

---

[49] Romanos 10.1,2.
[50] Mateus 23.25.
[51] Mateus 23.28.

podem estar presas à nossa personalidade desde a adolescência ou desde a juventude. Por mais que queiramos e tentemos, não conseguimos arrancar essas máscaras por nós mesmos. Precisamos da ajuda Deus, que é o único que pode removê-las da nossa alma, limpar o nosso coração e nos tornar pessoas íntegras e verdadeiras.

Martinho Lutero fez essa descoberta sobre si mesmo enquanto estudava em um seminário; ele queria ser monge. Lutero escreveu que "apesar de ter vivido como um monge além da repreensão, [ele] sentia que era um pecador diante de Deus. [Lutero] tinha uma consciência extremamente angustiada [... ele] odiava o Deus justo que pune os pecadores".[52] Aquele homem viveu com a máscara de ódio contra Deus, contra si e contra os outros até o dia em que, lendo Romanos 1.17,[53] teve os olhos abertos. Lindberg, um estudioso da Reforma Protestante, escreveu que a boa-nova descoberta por Lutero "era que a justificação não é aquilo que o pecador alcança, mas aquilo que o pecador recebe [...] De maneira simples, o termo 'ser justificado' significa que Deus considera o pecador justo. Deus não quer nos redimir por meio de nós mesmos, mas por meio de uma justiça e sabedoria que vem de fora; [...] não por meio de algo que se originou na terra, mas por meio de algo que veio do céu".[54] Enquanto lia a Bíblia, Lutero entendeu que somente Deus poderia arrancar suas máscaras e

---

[52] LINDBERG, Carter. **The European Reformations**. Wiley. Kindle Edition. [Tradução livre.]

[53] "Porque no evangelho é revelada a justiça de Deus, uma justiça que do princípio ao fim é pela fé, como está escrito: 'O justo viverá pela fé' " (NVI).

[54] LINDBERG, Carter. **The European Reformations**. Wiley. Kindle Edition. [Tradução livre.]

limpar seu coração. A vida sem máscaras, a integridade do coração e a felicidade não eram uma conquista do esforço humano, mas um presente dado por Deus.

Demorei algum tempo até descobrir isso, mesmo depois de convertido. A minha conversão aconteceu de uma maneira sobrenatural em que Deus graciosamente veio ao meu encontro e me arrancou da lama do pecado. Mas, com o passar do tempo, eu fui me esquecendo de como Deus havia me alcançado e me tornei acusador dos meus irmãos. Eu me lembro de uma vez quando me comparei a outro irmão, fazendo-o saber que eu orava e lia mais a Bíblia do que ele. Contudo, por trás daquela fachada de santidade, havia um jovem que lutava contra o pecado da pornografia. Enquanto eu não me entreguei a Deus, entendendo que somente ele poderia me libertar daquelas cadeias e perdoar graciosamente o meu pecado, eu não fiquei livre daquele mal. Entendi que o perdão e o coração limpo não vêm do nosso esforço, mas do ato da graça de Deus para conosco.

Davi sabia disso! Dessa maneira, ele escreveu: "Bem-aventurado aquele cuja transgressão é perdoada, cujo pecado é coberto. Bem-aventurado é aquele a quem o Senhor não atribui iniquidade e em cujo espírito não há engano".[55] É Deus quem perdoa a transgressão e cobre o pecado. É Deus quem nos convida a irmos até ele para sermos limpos, como registrou o profeta Isaías: "O Senhor diz: 'Venham, pois, e vamos discutir a questão. Ainda que os pecados de vocês sejam como a escarlate, eles se tornarão brancos como a neve; ainda que sejam vermelhos como o carmesim, eles se tornarão como a lã". [56]

---

[55] Salmos 32.1,2.
[56] Isaías 1.18.

Se estivermos dispostos a confiar em Deus e nos entregarmos a ele, teremos o coração limpo, comeremos o melhor desta terra e viveremos para sempre em sua presença.

Bem-aventurados os pacificadores (Mateus 5.9)

O livro de Provérbios diz que "seis coisas que o Senhor Deus odeia", mas a sétima que a sua alma detesta é "o que semeia discórdia entre irmãos".[57] O fofoqueiro é alguém que põe "lenha na fogueira" para atiçar o fogo da desavença entre duas ou mais pessoas.[58] Esse tipo de gente é tão tóxica que o apóstolo Paulo orientou os crentes a não se associarem "com alguém que, dizendo-se irmão, for [...] maldizente;" e ele vai mais longe, dizendo: "nem mesmo comam com alguém assim."[59] Ter comunhão com esse tipo de gente é tacitamente concordar com aquilo que eles fazem e jogar no time do Diabo, cujo único propósito é promover a guerra e dividir as pessoas. Os que semeiam fofocas fazem o jogo do acusador, mas os que promovem a paz são chamados de filhos de Deus. "Bem-aventurados os pacificadores, pois serão chamados filhos de Deus."

Os pacificadores usam armas diferentes no campo de batalha. Em vez de semearem o mal, semeiam o bem; em vez de dividirem para conquistarem algo momentaneamente para si, criam pontes para que todos se tornem mais fortes; em vez de agirem para prejudicar o outro, fazem de tudo para abençoar a quem quer que seja. Eles possuem a mentalidade

---

[57] Provérbios 6.16-19.
[58] Provérbios 26.20.
[59] 1Coríntios 5.11.

do céu e, por essa razão, usam as estratégias de lá, como Paulo ensinou, ao dizer: "Se o seu inimigo tiver fome, dê-lhe de comer; se tiver sede, dê-lhe de beber; porque, fazendo isto, você amontoará brasas vivas sobre a cabeça dele".[60] Nós pomos "fogo de Deus" sobre a cabeça dos nossos perseguidores quando decidimos pagar o mal com o bem.

Eu me lembro de uma história que ouvi do meu sogro, quando ele estava plantando uma igreja na cidade de Martinho Campos, Minas Gerais. O pastor Márcio disse que, durante a noite, enquanto o templo estava sendo construído, algumas pessoas da cidade iam até a obra e punham abaixo as paredes que haviam sido levantadas durante o dia. Assim, os trabalhadores levantavam as paredes durante o dia, mas algumas pessoas más atacavam a construção durante à noite. Em vez de pagar o mal com o mal, todas as manhãs ele se punha em pé no local da construção e, sabendo que as pessoas estavam por perto, levantava as mãos e orava em voz alta, dizendo: "Ó Deus, abençoa as pessoas que fizeram isso". Em pouco tempo, essas brasas vivas aqueceram o coração das pessoas, que reconheceram ser ele um homem de Deus, se converteram ao Senhor e se tornaram membros da igreja que antes queriam destruir. A promoção da paz é sempre o caminho de Deus.

Jesus veio ao mundo para trazer a paz. Na verdade, Paulo escreveu: "ele é a nossa paz. De dois povos [judeus e gentios] ele fez um só e, na sua carne, derrubou a parede de separação, que estava no meio, a inimizade".[61] Se a inimizade, a fofoca,

---

[60] Romanos 12.20.
[61] Efésios 2.14.

a vingança e a guerra são incentivadas por Satanás, a paz é a presença do Senhor Jesus entre nós. "Cristo tornou-se o mediador e trouxe a paz com Deus e entre as pessoas",[62] como escreveu Bonhoeffer. Assim, em uma Judeia inflamada pela hostilidade e por um desejo de vingança contra os romanos, Jesus trouxe a contracultura e mostrou que o caminho da felicidade passa pela promoção da paz.

Bem-aventurados os perseguidos por causa da justiça (Mateus 5.10)

Como você percebeu até aqui, entendemos que Jesus usou muitos paradoxos para transmitir as verdades mais profundas sobre o Reino de Deus. Diversas vezes, em uma mesma frase, ele colocou, lado a lado, verdades aparentemente opostas. Ele disse que felizes são os pobres de espírito e os que choram.[63] Ele também ensinou que quem quiser salvar a sua vida a perderá; e quem perder a vida por causa dele, esse achará a vida que pensou ter perdido.[64] Em outra ocasião, ele disse que devemos amar os nossos inimigos e orar por aqueles que nos perseguem.[65] Nessa última bem-aventurança, Jesus afirmou que os perseguidos por causa da justiça são pessoas felizes.

É muito difícil vislumbrar qualquer possibilidade de felicidade em uma experiência de perseguição. Contudo, se olharmos para a situação de perseguição pela perspectiva

---

[62] BONHOEFFER, Dietrich. **Vida em comunhão**. 3. ed. São Leopoldo: Sinodal, 1997. p. 14.
[63] Mateus 5.3,4.
[64] Mateus 16.25.
[65] Mateus 5.44.

de Jesus, entenderemos por que devemos nos alegrar e exultar quando formos perseguidos.[66] Jesus afirmou que, se nós fôssemos do mundo, o mundo nos amaria e não nos perseguiria. Entretanto, ele continuou a dizer que, porque nós não somos do mundo, mas de Deus, o mundo passou a nos odiar e a nos perseguir.[67] Ou seja, nós só somos perseguidos porque deixamos de ser escravos do Diabo e do espírito que agora atua nos filhos da desobediência. Satanás nos persegue, porque nos perdeu. Ele ladra contra nós, porque Jesus nos libertou! Deus nos resgatou do império das trevas e nos transportou para o Reino do seu Filho amado.[68] Não deveríamos nos alegrar por isso?

Os cristãos dos primeiros séculos compreenderam essa realidade da nova vida em Cristo. Eles se alegravam quando eram odiados, perseguidos, torturados e mortos pelo mundo. Eusébio de Cesareia testemunhou:

> Declaravam-se cristãos, sem se inquietarem por causa dos tormentos nem das diversas espécies de suplícios aos quais se expunham; mas falavam com inteira liberdade, corajosamente, da religião do Deus do universo e recebiam alegres, risonhos, bem-humorados a sentença final de morte, cantando hinos e dando graças ao Deus do universo até o último suspiro.[69]

Eles sabiam que eram de Deus e voltavam para Deus. Eles tinham a consciência de que esse mundo não era o

---

[66] Mateus 5.11,12.
[67] João 15.18,19.
[68] Colossenses 1.13.
[69] EUSÉBIO. **Patrística:** História Eclesiástica. São Paulo: Paulus Editora, [s.d.]. v. 15, p. 292. Kindle Edition.

seu lar; antes, aqui, eram apenas peregrinos e forasteiros.[70] Davam graças a Deus, porque sabiam que, ao passarem dessa vida para a outra, abririam os seus olhos no céu. Ao receberem a sentença de morte por causa da fé, receberiam a coroa da vida por causa de Cristo; se eram perseguidos no mundo, seriam recebidos nas moradas eternas. Eles viviam a antecipação da felicidade na terra por causa da promessa da felicidade eterna nos céus.

Nesse sentido, vale a pena lermos o que um apologista cristão escreveu ao imperador romano Adriano sobre a vida dos cristãos no século II. Ele disse que os cristãos:

> [...] vivem na sua pátria, mas como forasteiros; participam de tudo como cristãos e suportam tudo como estrangeiros. Toda pátria estrangeira é pátria deles, e cada pátria é estrangeira. Casam-se como todos e geram filhos, mas não abandonam os recém-nascidos. Põem a mesa em comum, mas não o leito; estão na carne, mas não vivem segundo a carne; moram na terra, mas têm sua cidadania no céu; obedecem às leis estabelecidas, mas com sua vida ultrapassam as leis; amam a todos e são perseguidos por todos; são desconhecidos e, apesar disso, condenados; são mortos e, desse modo, lhes é dada a vida.[71]

Eles eram felizes, porque a perseguição por causa da justiça os fazia ter a certeza de que receberiam o Reino dos céus por herança.

---

[70] 1Pedro 2.11.
[71] APOLOGISTAS, Padres. **Patrística:** padres apologistas. São Paulo: Paulus Editora, [s.d.]. v. 2, p. 19-20. Kindle Edition.

Conclusão

Todas essas bem-aventuranças refletem o pensamento de Jesus sobre a felicidade. Todas elas estão interligadas e mostram que a felicidade está associada à nossa decisão de rejeitar a cultura do mundo, entregando-nos totalmente a Deus. Não existe possibilidade de felicidade se não passarmos por uma mudança de coração, mente e comportamento. Viver a felicidade significa andar como Jesus andou e, antes de tudo, estarmos ligados a Cristo. É sobre isso que o apóstolo Paulo fala em suas cartas.

feliciplace

CAPÍTULO 2

PAULO E A
felicidade

> Cerca de três horas da manhã, quando continuávamos instando em oração, veio sobre nós o poder de Deus de maneira poderosa, a ponto de muitos gritarem, não se contendo de alegra, e outros caírem ao chão (vencidos pelo poder de Deus). Logo que recobramos um pouco daquele espanto e senso de admiração da presença de sua majestade, rompemos a uma só voz: "Louvamos-te, ó Deus; reconhecemos que só tu és o Senhor".[1]

Essas palavras foram registradas por John Wesley ao recontar a experiência que ele e outros irmãos viveram no dia 1º de janeiro de 1739. Depois de passarem a noite em oração e adoração, o coração deles se encheu da alegria do céu. A experiência marcou o início do avivamento metodista, que, em poucos anos, mudou a história da Inglaterra e do mundo. Uma das marcas dessa visitação de Deus, como lemos, era a alegria que vinha sobre as pessoas tão logo se entregavam à graça de Deus. O apóstolo Paulo escreveu sobre a experiência da alegria em suas cartas e, de um modo especial, quando escreveu aos cristãos da Galácia.

---

[1] DUEWEL, Wesley L. **Fogo do avivamento**. São Paulo: Editora Hagnos, [s.d.]. p. 42. Kindle Edition.

"Que aconteceu com a felicidade que vocês tinham?" (Gálatas 4.15)

A carta aos Gálatas foi uma das primeiras cartas escritas pelo apóstolo Paulo. A maioria dos estudiosos concorda que Paulo a escreveu antes do Concílio de Jerusalém,[2] portanto, foi dirigida às pessoas que haviam se convertido durante a primeira viagem missionária. A conversão dessas pessoas foi marcada por manifestações sobrenaturais do poder de Deus. Lucas disse que em Icônio, Deus "confirmava a palavra da sua graça, concedendo que, por mão deles [Paulo e Barnabé], se fizessem sinais e prodígios".[3] Em Listra, um homem aleijado, paralítico desde o seu nascimento, ouviu a pregação de Paulo e foi completamente curado.[4] Esses sinais e milagres não deixaram de acontecer depois que Paulo foi embora, mas continuaram a ser operados no meio da igreja mesmo depois da partida dos apóstolos.[5] Aquelas pessoas que haviam sido poderosamente alcançadas pelo evangelho tinham uma nova marca em suas vidas: a felicidade.

O termo grego usado por Paulo em Gálatas 4.15 é μακαρισμός (*makarismos*). Essa palavra tem a mesma raiz da palavra usada por Jesus no Sermão do Monte, quando ele disse que são bem-aventurados ou felizes os humildes de espírito, os que choram, os pacificadores, os perseguidos por causa da justiça. Esse termo é muito específico no grego, pois se refere à alegria de Deus, portanto, a uma alegria que é muito mais plena do que aquela que os homens podem produzir por

---

[2] Atos 15.
[3] Atos 14.3.
[4] Atos 14.8-10.
[5] Gálatas 3.5.

si mesmos.⁶ Paulo disse que aqueles irmãos experimentaram esse tipo de felicidade após terem recebido o evangelho.

Contudo, o teor principal da carta aos gálatas não são elogios, mas preocupações, pois aquela felicidade do início da jornada de fé daqueles irmãos havia desaparecido. As pessoas da igreja da Galácia estavam "voltando àqueles mesmos princípios elementares, fracos e sem poder", ou seja, queriam servir como escravas.⁷ Elas estavam abandonando o evangelho, afastando-se de Deus e pondo-se novamente nas mãos de espíritos malignos. Uma das consequências da influência dos demônios sobre a vida daquelas pessoas era a infelicidade.

Não há como alguém viver a alegria de Deus fora da presença de Deus. Posso afirmar isso porque vivi essa triste experiência. Nascido em um lar cristão, eu, Gustavo, me afastei do evangelho e permaneci longe do Senhor por cinco anos. Certa vez, em conversa com outro desviado, nós nos lembrávamos das palavras de Pedro: " 'O cão volta ao seu próprio vômito'. E 'A porca lavada volta a rolar na lama' ".⁸ Não existe beleza nem felicidade nesse lugar de "vômito", "lama" e opressão demoníaca. Não existe possibilidade de felicidade, senão em Cristo.

---

[6] "Primeiramente, encontrada em Píndaro, μακάριος é um termo poético, que foi usado posteriormente no dia a dia. É um termo derivado de μάκαρ. Esse último se refere predominantemente aos deuses. Significa a alegria transcendente de uma vida além dos cuidados, dos trabalhos e da morte." FRIEDRICH HAUCK & GEORG BERTRAM, "Μακάριος, Μακαρίζω, Μακαρισμός," In: GERHARD KITTEL, GEOFFREY W. BROMILEY, GERHARD FRIEDRICH (Ed.). **Theological Dictionary of the New Testament.** Grand Rapids, MI: Eerdmans, 1964. p. 362.

[7] Gálatas 4.9.

[8] 2Pedro 2.22.

"Em Cristo"

A expressão "em Cristo" é a marca registrada da teologia de Paulo. Fora dos escritos paulinos, essa locução aparece somente na Primeira Carta de Pedro, e apenas 3 vezes![9] Paulo usou a locução "em Cristo" 83 vezes, e a expressão similar "no Senhor" 47 vezes. Ele, por exemplo, disse que somos "sendo justificados gratuitamente por sua graça, mediante a redenção que há em Cristo Jesus";[10] que a "graça de Deus [...] foi dada a vocês em Cristo Jesus";[11] que "Deus estava em Cristo reconciliando consigo o mundo",[12] mostrando que a nossa salvação aconteceu "em Cristo," ou seja, tendo como base aquilo que Jesus fez por nós. Se não fosse pela ação de Jesus, nós ainda seríamos prisioneiros do pecado e de Satanás.

A libertação do endemoninhado geraseno é um retrato gráfico bem delineado dessa ação de Cristo em nosso favor. Lemos que Jesus decidiu atravessar o mar da Galileia e ir para a outra margem. Durante a travessia, ele enfrentou um grande temporal de vento e ondas que se arremessavam contra o barco. Ele mandou as ondas se aquietarem e chegou até o outro lado. Ao desembarcar, "um homem possuído de espírito imundo veio dos túmulos ao encontro de Jesus [...ele] andava sempre, de noite e de dia, gritando por entre os túmulos e pelos montes, ferindo-se com pedras".[13] Mas, quando viu Jesus, ele se prostrou, e os demônios perderam

---

[9] 1Pedro 3.16; 5.10,14.
[10] Romanos 3.24.
[11] 1Coríntios 1.4.
[12] 2Coríntios 5.19.
[13] Marcos 5.2,5.

todo o poder e influência sobre o homem, que foi liberto e experimentou o poder de uma nova vida.

É exatamente isso que Jesus fez por nós. Ele decidiu ir ao nosso encontro. Ele enfrentou todos os poderes, todos os principados e todas as autoridades, os venceu e nos libertou da escravidão. Jesus nos tirou do "local" onde os demônios tinham o poder para nos escravizar e nos levou para outra posição, na qual estamos debaixo do governo pleno de Deus. É isso o que Paulo quis dizer quando escreveu que fomos "justificados gratuitamente [...] mediante a redenção que há em Cristo Jesus". Se Jesus não tivesse agido, invadindo o terreno do Inimigo, derrotado as trevas, nos resgatado e nos transportado para o seu Reino, nós nunca experimentaríamos a nova vida.

A experiência da nova vida é outro enfoque que Paulo dá ao dizer que nós estamos "em Cristo." Se no primeiro grupo de versículos que vimos há pouco, ao usar a locução "em Cristo", a ênfase de Paulo está naquilo que Jesus fez por nós, nos versículos seguintes, a ênfase de Paulo está na nossa experiência pessoal, ou seja, no modo segundo o qual o estar "em Cristo" afeta a nossa vida. Paulo, por exemplo, diz que precisamos nos considerar "mortos para o pecado, mas vivos para Deus, em Cristo Jesus";[14] que "somos um só corpo em Cristo";[15] que "se alguém está em Cristo, é nova criatura".[16] James Dunn disse que "em certo sentido [Paulo] experimentava Cristo como o contexto de todo o seu ser

---

[14] Romanos 6.11.
[15] Romanos 12.5.
[16] 2Coríntios 5.17.

e fazer".[17] Para Paulo, estar "em Cristo" não significava ouvir sobre Jesus ou admirar Jesus, mas estar tão próximo dele e ter um relacionamento tão íntimo com ele, que a sua vida penetra em nós, nos afeta, nos transforma e nos empodera para fazer o que é certo, para nos relacionarmos bem com o próximo, para vivermos a santificação, gozarmos a liberdade, termos esperança, abençoarmos todos e experimentarmos a felicidade. Temos uma nova experiência de vida, porque fomos enxertados em Cristo, e Cristo está em nós.

Para Paulo, a felicidade só é possível se estivermos "em Cristo". Por isso, ele escreveu aos crentes de Filipos: "Alegrem-se sempre no Senhor; outra vez digo: alegrem-se!".[18] Para Paulo, o Senhor Jesus é a base, o fundamento, o local, a inspiração e o combustível da nossa alegria. Porque estamos ligados a ele e ele está ligado a nós, mesmo se estivermos passando por dificuldades econômicas, vivendo problemas nos relacionamentos, sofrendo perseguições por causa da fé, temos de onde tirar forças para experimentar a felicidade. As circunstâncias não têm o poder para controlar a nossa vida, porque nós não estamos mais ligados a elas, mas a Cristo.

Paulo mostrou isso com a própria vida, deixando-nos o exemplo de como devemos agir para experimentarmos a alegria de Cristo em meio às circunstâncias adversas. Em Filipos, ele foi açoitado publicamente com varas e depois lançado no cárcere mais escuro. Mesmo tendo as costas terrivelmente feridas e os pés desconfortavelmente presos ao tronco, "por

---

[17] DUNN, James. **The Theology of Paul the Apostle**. New York: Eerdmans, 2006. p. 400.
[18] Filipenses 4.4.

volta da meia-noite, Paulo e Silas oravam e cantavam louvores a Deus".[19] As circunstâncias não haviam conseguido dominar o coração dele, pois não era mais escravo delas. Paulo não fazia o que o contexto sugeria. Em vez de sucumbir às pressões do ambiente escuro e doído, ele extraiu forças em Jesus e cantou louvores a Deus até que a atmosfera do local fosse mudada. No final, o carcereiro que lhe havia prendido os pés ao tronco se converteu com toda a família e ainda "manifestava grande alegria por ter crido em Deus".[20] Não foram as circunstâncias que mudaram Paulo, mas foi ele quem mudou as circunstâncias. Em um lugar em que predominava a tristeza, Paulo mostrou que era possível experimentar a liberdade proporcionada pela felicidade.

Lucas nos deixou o registro daquilo que Paulo fez para construir esse ambiente de liberdade atrás das grades. Lucas mostrou que, em vez de permanecer calado, Paulo, juntamente com Silas, orou e cantou louvores ao Senhor até que o ambiente fosse mudado. Ele orou e cantou ao Senhor, porque precisava e necessitava ser fortalecido em Jesus no meio daquela adversidade. Ele nos mostrou que de nada adianta alguém ter uma fonte de águas vivas em sua casa, se a pessoa não se levanta para tirar água do poço. Se a pessoa não se mover, ela irá correr o risco de morrer de sede, mesmo tendo água pura à sua disposição. De nada adianta estarmos "em Cristo", e, portanto, livres do domínio do Inimigo, se não estamos "em Cristo" vivendo um relacionamento íntimo e diário com o Senhor. Se não nos movermos para "tirar água

---

[19] Atos 16.25.
[20] Atos 16.34.

do poço", ficaremos fragilizados por causa da sede e consequentemente seremos mais facilmente dominados, influenciados e envolvidos pelas circunstâncias ao nosso redor. A nossa posição "em Cristo" não é o fim da história, mas o início. Estar "em Cristo" significa estar em um lugar no qual podemos continuar desenvolvendo a nossa salvação com temor e tremor,[21] deixando-nos encher pelo Espírito Santo.

"Deixem-se encher do Espírito" (Efésios 5.18-20)

Paulo falou sobre o enchimento do Espírito Santo quando escreveu a irmãos que estavam atravessando circunstâncias muito desafiadoras para a fé na cidade de Éfeso. Eles viviam sob a pressão de um contexto que incentivava a imoralidade sexual, a impureza, a avareza, a linguagem grosseira, as piadas indecentes e as obras das trevas.[22] Eram constantemente tentados a seguir a corrente da cultura e a se relacionarem uns com os outros de acordo com os valores e princípios do mundo.[23] Paulo sabia que, se não se deixassem encher do Espírito Santo, sucumbiriam diante das pressões do ambiente.

Sei como isso funciona. No dia 31 de agosto de 2016, escrevi no meu diário: "Desde a noite anterior, o meu coração está agitado. [...] Essa agitação atrapalha os meus relacionamentos.

---

[21] Filipenses 2.12.
[22] "Que a imoralidade sexual e toda impureza ou avareza não sejam nem sequer mencionadas entre vocês, como convém a santos. Não usem linguagem grosseira, não digam coisas tolas nem indecentes [...]. E não sejam cúmplices nas obras infrutíferas das trevas." (Efésios 5.3-4,11.)
[23] "Portanto, tenham cuidado com a maneira como vocês vivem, e vivam não como tolos, mas como sábios [...] não sejam insensatos, mas procurem compreender qual é a vontade do Senhor." (Efésios 5.15,17.)

Torna-me insensível ao outro. Impede-me de ouvir o outro até o fim. [...] Em vez de amar o outro, eu reajo com ansiedade, pressa e desinteresse. Eu pequei e fui impaciente com os meus filhos e com a minha esposa. Perdoa-me, Senhor.". Por estar debaixo de pressões, e não cheio do Espírito Santo, eu trouxe pressão à minha esposa e aos meus filhos, carregando o ambiente com apreensão e tristeza. Naquela ocasião, as circunstâncias destruíram as minhas defesas, encontraram espaço dentro de mim e influenciaram o meu comportamento.

Precisamos ser cheios do Espírito Santo para conseguirmos agir e reagir às pressões do mundo de acordo com a nossa posição "em Cristo". Gordon Fee, um estudioso do Novo Testamento, disse: "a ética paulina diz respeito ao ato de andar — colocar um pé à frente do outro, se assim você preferir — e fazer isso no Espírito, à medida que somos guiados por ele. Tanto a exortação de Paulo à comunidade em Efésios 5.18 ('deixem-se encher do Espírito') quanto sua instrução dada a Timóteo em 2Timóteo 1.6,7 ('reavive o dom de Deus'), indicam a necessidade de uma apropriação contínua. A presença do Espírito é o *xis* da questão, mas essa presença não garante, de modo automático, uma vida espiritual avivada e fervorosa. Tanto os indivíduos quanto a Igreja no seu todo são exortados a manter o dom aceso."[24] Nós jogamos "lenha nessa fogueira" quando aprendemos a trazer as realidades do céu para os nossos relacionamentos. Quanto mais usamos a linguagem do céu, mais trazemos o céu para a terra. Quanto mais falamos entre nós "com salmos

---

[24] FEE, Gordon. **Paulo, o Espírito e o povo de Deus**. Vida Nova. Kindle Edition.

[...] cantando e louvando com o coração ao Senhor, dando sempre graças por tudo a nosso Deus e Pai",[25] mais nos deixamos encher do Espírito Santo, menos nos estranhamos uns com os outros, mais trazemos o Reino de Deus para o nosso contexto e mais intensamente vivemos "justiça, paz e alegria no Espírito Santo".[26]

Os morávios do século XVIII aprenderam a trazer o céu para a terra e iniciaram o maior movimento missionário da história! Em vinte e cinco anos, eles enviaram mais missionários do que todas as igrejas protestantes juntas haviam enviado em duzentos anos. Mas antes da experiência do dia 13 de agosto de 1727, quando eles foram cheios do Espírito Santo, os morávios eram um grupo de refugiados extremamente contencioso e dividido. Haviam fugido da guerra e da perseguição, mas levaram e mantiveram esse ambiente belicoso e hostil no meio deles. O que os outros haviam feito a eles, eles estavam fazendo entre si. Greenfield escreveu que "os irmãos da comunidade [morávia] descontentes em Herrnhut no início de 1727 eram profundamente divididos e críticos uns dos outros. Controvérsias acaloradas ameaçavam destruir a comunidade".[27] Eles só não continuaram a reproduzir o que haviam sofrido no passado e se destruíram

---

[25] Efésios 5.19,20.
[26] O contexto dessa expressão foi um desentendimento entre os irmãos acerca do que deveriam comer ou beber. Por isso, Paulo escreveu: "Se o seu irmão fica triste por causa do que você come, você já não anda segundo o amor. Não faça perecer, por causa daquilo que você come, aquele por quem Cristo morreu [...] Porque o Reino de Deus não é comida nem bebida, mas justiça, paz e alegria no Espírito Santo" (Romanos 14.15,17).
[27] WAUGH, Geoff; ORR, J Edwin; GONDARRA, Djiniyini; MCGAVRAN, Donald; WIMBER, John; WHITE, John; PRINCE, Derek; MATHIESON, Dorothy; GREENFIELD,

mutuamente porque o líder deles, o conde Zinzendorf, os confrontou e os chamou a mudar de atitude: em vez de enfatizarem as diferenças, deveriam reforçar aquilo que Jesus havia feito por eles. Assim,

> [...] no dia 16 de julho, o conde derramou a sua alma em oração e lágrimas [...] E a comunidade inteira começou a orar como nunca antes havia orado. No dia 22 de julho, muitas pessoas da comunidade fizeram uma aliança de se encontrarem para orar e louvar a Deus com mais frequência. No dia 5 de agosto, o conde passou a noite inteira em oração juntamente com outras 12 ou 14 pessoas, depois de participarem de uma reunião de oração à meia-noite com um grande grupo da comunidade [...] no dia 10 de agosto, o pastor Rothe, enquanto liderava o culto em Herrnhut, foi tomado pelo poder de Deus ao meio-dia. Ele caiu no chão diante do Senhor. E toda a congregação fez a mesma coisa. Eles continuaram assim, em oração, louvor e lágrimas até a meia-noite.[28]

No dia 13 de agosto de 1727, o céu desceu à terra quando eles estavam reunidos em um culto para celebrar a ceia. O Espírito Santo veio sobre eles de tal maneira que todos tiveram a vida transformada radicalmente. Eles foram cheios do Espírito Santo. As divisões entre os morávios desapareceram, e as brigas cessaram completamente. Eles começaram a viver a poderosa realidade da nova vida "em Cristo",

---

John; RINGMA, Charles. **Renewal Journals 1-5**, Unknown, p. 43. Kindle Edition. [Tradução livre.]

[28] WAUGH, Geoff; ORR, J Edwin; GONDARRA, Djiniyini; MCGAVRAN, Donald; WIMBER, John; WHITE, John; PRINCE, Derek; MATHIESON, Dorothy; GREENFIELD, John; RINGMA, Charles. **Renewal Journals 1-5**, p. 44. Unknown. Kindle Edition. [Tradução livre.]

ou seja, do relacionamento constante e íntimo com Jesus. Os morávios aprenderam o segredo de viver cheios do Espírito Santo, e, por onde passavam, traziam o ambiente do céu à terra. As circunstâncias não os dominavam mais. Pelo contrário, eram eles que mudavam os ambientes e traziam a manifestação do Reino de Deus onde estavam.

Conclusão

A alegria é uma das evidências da manifestação do Reino de Deus. Como Paulo escreveu, "o fruto do Espírito é [...] felicidade".[29] Onde Deus está, aí também está a verdadeira alegria. "A vida em Cristo e, portanto, a vida pelo Espírito, é uma vida de alegria; acima de todas as coisas, essa alegria deve caracterizar a comunidade cristã (1Tessalonisenses 5.16)",[30] escreveu Gordon Fee. Se, porventura, a alegria não estiver presente em nós e em nossos relacionamentos, precisamos fazer um autoexame. "O que aconteceu com a felicidade que vocês tinham?", foi a pergunta de Paulo aos irmãos da Galácia. A falta de alegria, Paulo sabia, sempre aponta para alguma situação de quebra no nosso relacionamento com Jesus.

Essa quebra não acontece repentinamente. Vão acontecendo pequenas fissuras, quase invisíveis, enquanto tomamos algumas decisões e abandonamos aquelas pequenas ações que nos aproximam mais de Jesus. Cada vez menos nos lembramos da necessidade de colocar os pés no caminho e

---

[29] Gálatas 5.22.
[30] FEE, Gordon. **Paulo, o Espírito e o povo de Deus**. São Paulo: Vida Nova. Kindle Edition.

pegar água no poço e, assim, pouco a pouco, a nossa vida vai secando. Os crentes da Galácia foram "secando" à medida que se esqueciam de andar no caminho da Palavra de Deus que haviam ouvido. Outros "secam", à medida que abandonam o caminho da solitude e do silêncio na presença de Deus. A vida em Cristo e o enchimento do Espírito Santo requerem de nós uma atitude, e essa atitude tem a ver com a nossa decisão de fazer uso das disciplinas espirituais. Mas este é assunto para o próximo capítulo.

CAPÍTULO 3

AS DISCIPLINAS ESPIRITUAIS E A *felicidade*

> A promessa de vida e vigor em nossa vida espiritual depende muito de que façamos morrer o pecado. A fim de ganhar força espiritual, devemos enfraquecê-lo, desembaraçarmos nossos corações das falsas ambições e purificarmos nossos pensamentos [...]. A mortificação poda o pecado que habita o interior e permite que as graças de Deus cresçam com vigor em nossa vida.[1]

Eu descobri a importância da prática frequente das disciplinas espirituais depois que fiquei quarenta e cinco dias de cama por causa de um acidente de *jet-ski*, que me "presenteou" com uma fratura exposta na perna. Foi um presente de Deus ser parado em meio a uma vida agitada e marcada pelo ativismo. Mesmo sendo pastor em tempo integral, as minhas orações e devocionais eram mais mecânicas do que orgânicas, mais mortas do que vivas, mais exercícios vazios do que alimento para o coração, mais atividades para impressionar os outros do que encontros transformadores com Deus.

Na frente de todos, eu, Gustavo, ostentava a aparência de humildade, mas na intimidade do meu coração, eu gostava de me comparar aos outros. Eu me achava um homem extremamente espiritual, até que Deus me parou e me

---

[1] OWEN, John. **Triunfo sobre a tentação**. Brasília: Palavra, 2008. p. 203.

chamou para uma conversa particular. Era o chamado de um Pai que ama o filho e não deseja que ele se perca caindo de um precipício.[2]

Enquanto eu me angustiava por causa de uma recuperação tão lenta, a minha vida foi sendo desacelerada.

Percebi que o mundo não havia parado porque eu estava parado me recuperando do acidente. Rapidamente, outras pessoas começaram a assumir as minhas responsabilidades no ministério e a fazer o que eu fazia. Eu não era tão necessário quanto imaginava. Ainda que tivesse a minha singularidade e importância no Reino dos céus e no trabalho da igreja, Deus não dependia de mim para fazer as coisas funcionarem. Na cama da casa dos meus pais, onde eu me recuperava, fui lembrado de que Deus é livre e totalmente poderoso para fazer o que ele quer, quando quer e por meio de quem ele quer. Como disse Daniel, "é [Deus] quem muda o tempo e as estações, remove reis e estabelece reis".[3] Quando Deus decide fazer algo, ele faz. E ele havia decidido me tirar do jogo e me colocar no banco para assistir aos meus irmãos jogando.

Durante o tempo no banco, comecei a fazer muitas perguntas e a buscar suas respostas. Foi então que comecei a ler alguns livros sobre a espiritualidade cristã. Li vários livros de autores protestantes-evangélicos, como John Owen, Jonathan Edwards, James Houston, Eugene Peterson, Richard Foster, Paul Stevens, Elben César e Ricardo Barbosa. Mas li também diversos livros de autores católicos, como São

---

[2] Hebreus 12.5: "Filho meu, não despreze a correção que vem do Senhor, nem desanime quando você é repreendido por ele; porque o Senhor corrige a quem ama e castiga todo filho a quem aceita."

[3] Daniel 2.21.

João da Cruz, Tereza de Ávila, Thomas à Kempis, Madame Guyon, os Pais do deserto e Inácio de Loyola.

Percebi que a fome e a sede por Deus não é exclusividade de um grupo específico, mas o ato do Espírito Santo no coração de quem se entregou totalmente a Jesus. Descobri também uma faceta da vida cristã que eu não conhecia muito bem: a espiritualidade do coração e o caminho para o crescimento da vida com Deus, que necessariamente passa pela prática do autoexame, pelo cultivo da vida interior, pela amizade com Deus e pelo exercício das disciplinas espirituais.

Richard Foster escreveu que "as disciplinas [espirituais] permitem que nos apresentemos diante de Deus, a fim de que ele possa nos transformar".[4] Usando uma linguagem mais teológica, as disciplinas espirituais seriam um meio de graça, ou seja, atos que, ao praticarmos, nos preparam para experimentar um derramar da graça de Deus na nossa vida. Em si mesmas, elas não têm o poder para nos mudar. Elas apenas nos posicionam em submissão a Deus para que ele aja em nós e nos transforme à imagem de Jesus. Se o nosso coração se quebrantar, Deus se aproximará de nós. Quanto mais nos diminuímos, mais Jesus crescerá em nós.

A disciplina da meditação na Palavra

Existem muitas disciplinas espirituais diferentes, mas todas elas têm algo em comum: o reconhecimento de que a Palavra revelada de Deus é o fundamento para qualquer exercício espiritual. Se a Palavra for deixada de lado, a

---

[4] **FOSTER**, Richard. Celebração da disciplina: o caminho do crescimento espiritual. 2. ed. São Paulo: Editora Vida, 2007. p. 36.

disciplina espiritual não vai necessariamente levar a pessoa à amizade com Deus. O apóstolo Paulo disse que nos últimos tempos alguns apostatariam da fé "por obedecerem a espíritos enganadores e a ensinos de demônios, pela hipocrisia dos que falam mentiras e que têm a consciência cauterizada",[5] por não suportarem a sã doutrina.[6] As pessoas irão se afastar de Deus, e da Palavra, e se cercarão de mestres segundo as suas próprias cobiças, pessoas que digam o que elas querem ouvir.

A falta da Palavra é sinônimo da falta de possibilidade de crescimento saudável na vida com Deus. Mas a falta da Palavra não significa não ler a Bíblia. Muita gente pode ler a Bíblia por horas, cercando-se de comentários bíblicos e de dicionários, e ainda assim não ter um crescimento saudável na vida com Deus. Essas pessoas têm a letra da Palavra, mas a Palavra não as tem. Elas estão completamente vazias no que se refere a um relacionamento com Deus. Phillip Spener, o fundador do movimento que influenciou o conde Zinzendorf, ao falar sobre essas pessoas, disse:

> [...] a vida e a falta dos frutos da fé indicam que eles mesmos são carentes de fé. Aquilo que eles pensam ser fé e no qual baseiam os seus ensinamentos não é, de forma alguma, a verdadeira fé, e sim fantasia humana [...]. Tais pregadores estão longe da verdadeira luz divina e da vida de fé, pois eles apreenderam apenas a letra da Escritura, sem a atuação do Espírito Santo.[7]

---

[5] 1Timóteo 4.1-2.
[6] 2Timóteo 4.3.
[7] SPENER, Phillip Jacob. **Mudança para o futuro**: *pia desideria*. Curitiba: Encontrão, 1996. p. 38.

O conhecimento da Palavra sem o relacionamento com a Palavra não vale nada. Como escreveu Paulo, o conhecimento pelo conhecimento leva ao orgulho, mas o conhecimento que nos transforma e nos leva a amar o outro traz crescimento.[8]

Eugene Peterson deu uma sugestão sobre como podemos ser transformados enquanto estudamos a Bíblia. Ele disse que devemos transformar os nossos olhos em ouvidos. Segundo ele:

> Ouvir e ler não são a mesma coisa. Envolvem sentidos diferentes. Ao ouvir, usamos nossos ouvidos; na leitura, os olhos. Ouvimos o som de uma voz, lemos marcas em um papel. [...] Ouvir é um ato interpessoal, que envolve duas ou mais pessoas em razoável proximidade. A leitura envolve uma pessoa com um livro escrito por alguém que pode estar a muitos quilômetros de distância, ou morto há séculos, ou ambas as coisas. O ouvinte precisa estar atento ao falante, e estar mais ou menos à mercê dele. Com o leitor, a situação é bem diferente, já que é o livro que está à mercê dele e pode ser levado de um lugar para o outro, aberto ou fechado, de acordo com sua vontade, lido ou não.[9]

Desse modo, ao nos debruçarmos sobre a Palavra, devemos transformar os nossos olhos em ouvidos, entendendo que não estamos fazendo a leitura de um livro, mas cultivando um relacionamento com Deus. Não nos apresentamos diante da Palavra como senhores dela, impondo os nossos desejos e buscando conceitos, princípios ou temas

---

[8] 1Coríntios 8.1.
[9] PETERSON, Eugene H. **Um pastor segundo o coração de Deus**. Rio de Janeiro: Textus, 2000. p. 82.

para os nossos próximos sermões, mas assumimos aquilo que ela diz com uma postura de submissão, como um servo, abertos para ouvir o que Deus quer nos dizer. Esse tipo de leitura bíblica ficou conhecida como *Lectio divina*.

A *Lectio divina* é também chamada de "leitura orante" da Bíblia. Como acontece na prática? Nós nos assentamos diante da Palavra e lemos o texto bíblico até o momento em que uma palavra ou frase chama a nossa atenção. Quando isso acontece, pausamos a leitura, tiramos os olhos do texto, meditamos no que lemos e oramos aquela palavra ou frase que chamou a nossa atenção. Essa oração pode durar poucos segundos ou alguns minutos. No momento em que a nossa oração começa a ficar mais dispersa, retomamos o texto e continuamos a leitura até que outra palavra ou frase chame a nossa atenção, convidando-nos a tirar os olhos do texto e a orar novamente. Charles Cummings escreveu: "nas palavras que eu leio, Deus fala comigo; durante as minhas pausas de oração, eu respondo a Deus, com palavras ou sem palavras. A [*lectio divina*] tem esse movimento duplo de ouvir a Palavra e responder à Palavra".[10] Inevitavelmente, a meditação na Palavra nos leva à oração.

A disciplina da oração

Eu aprendi a orar com os meus pais, ainda criança. Nós sempre orávamos juntos durante as refeições e antes de dormir. No entanto, aprendi a orar de fato com a tia Helenita. Quando eu tinha 17 anos de idade, ela me convidou

---

[10] CUMMINGS, Charles. **Monastic Practices**. Cistercian Publications, 1986. p. 9. [Tradução livre.]

para ir até a casa dela para orar e ler a Bíblia juntos. Até hoje guardo com muito carinho o que aprendi naqueles dias. A tia Helenita acordava pela manhã e, ainda sentada na cama, me convidava para que lêssemos a Bíblia juntos. Depois da leitura, conversávamos sobre o que Deus havia nos falado e orávamos.

A tia Helenita orava por horas. As orações que fazia não eram como aquelas orações mecânicas que eu costumava fazer antes do almoço; era uma conversa com Deus. Ela falava sobre como estava seu coração e, depois de dizer para Deus como estava cada um dos parentes, sobrinhos e conhecidos, pedia ao Senhor para ir ao encontro de todos e dar a cada um uma experiência com o Espírito Santo. Algumas vezes, as palavras ficavam mais carregadas de emoção; outras vezes, as palavras expressavam um senso de urgência. Ela orava intensamente. Durante todos aqueles dias em que estivemos juntos, ela "importunou" Deus com os mesmos pedidos em favor das mesmas pessoas, confiando e crendo que o Senhor agiria, respondendo às súplicas que fazia.

E. M. Bounds, que se dedicou a orar e a ensinar sobre a oração, escreveu sobre isso. Ele disse o seguinte sobre a importunação causada pela oração:

> Cristo apresenta a importunação como característica diferenciadora da verdadeira oração. Não devemos apenas orar, mas orar com grande urgência, intensidade e repetição. Não devemos apenas orar, mas orar repetidamente. Não devemos nos cansar de orar. Devemos ser exaustivos no fervor, profundamente interessados nas coisas pelas quais pedimos, pois

Jesus Cristo deixou muito claro que o segredo da oração e seu sucesso está em sua urgência.[11]

Para algumas pessoas que costumavam questionar essa insistência na "repetição" da oração perseverante, Bounds escreveu:

> A importunação é uma condição da oração. Devemos insistir no assunto, não com vãs repetições, mas com repetições urgentes. Repetimos, não para contar as vezes, mas para obter a oração. [...] Oramos "com toda a perseverança". Apegamo-nos às nossas orações, porque vivemos por elas. Insistimos nas nossas preces, porque ou as alcançamos ou morremos.[12]

Oramos, porque estamos convencidos de que Deus é o único que pode alcançar o mais profundo espaço no coração das pessoas e alterar o curso do mundo. Oramos e insistimos, porque Jesus nos ensinou a orar sempre e nunca desanimar.[13] Foi Jesus quem nos ensinou a pedir, a buscar e a bater à porta até que ela seja aberta.[14]

Algumas vezes, por causa da urgência do momento, Deus nos convida a pararmos tudo o que costumamos fazer no dia a dia a fim de ficarmos a sós com ele, longe de tudo e de todos. Esses momentos podem durar algumas horas ou mesmo dias, e são fundamentais para alinharmos o nosso coração ao coração de Deus.

---

[11] **BOUNDS, Edward M. Propósito na oração.** São Paulo: Editora Vida, [s.d.]. p. 45. Kindle Edition.
[12] **BOUNDS, Edward M. Propósito na oração.** São Paulo: Editora Vida, [s.d.]. p. 49. Kindle Edition.
[13] Lucas 18.1-8.
[14] Mateus 7.7,8.

A disciplina da solitude e do silêncio

Ricardo Barbosa foi o autor que me apresentou à disciplina do silêncio e da solitude. Eu não o conhecia pessoalmente, mas o livro *O caminho do coração* chegou às minhas mãos enquanto eu me recuperava do acidente de *jet-ski*. Imobilizado na cama, comecei a experimentar uma desconstrução interior enquanto passeava pelas páginas do livro. Ele escreveu:

> Hoje, o que define a espiritualidade de um cristão moderno é sua agenda repleta de compromissos que venham ocupá-lo o dia todo com reuniões, trabalhos evangelísticos, pregações, visitas etc. As igrejas não querem como líder um pastor que passe algumas horas do dia recolhido no silêncio e oração; quase sempre procuram alguém que seja "dinâmico", cheio de novas ideias, que esteja sempre pronto para mobilizar a igreja para os grandes empreendimentos, ativo e que não desperdice seu tempo com atividades não produtivas.[15]

Eu me identificava com essas palavras, pois havia absorvido a cosmovisão da cultura moderna: quanto mais atividade, mais espiritualidade; quanto mais cheia a agenda, mais sucesso no ministério; quanto menos tempo parado, mais aprovação de Deus. Sem perceber, eu havia me conformado com o presente século e me perdido na caminhada da fé. O acidente foi o meio que Deus usou para me fazer parar, a fim de que eu pudesse ler os evangelhos com outros olhos.

Lemos na Bíblia que Jesus, apesar de ser constantemente pressionado pelas demandas das multidões, costumava se

---

[15] SOUSA, Ricardo Barbosa de. **O caminho do coração**: o sentido da espiritualidade cristã. Venda nova: Ultimato, 2017. p. 103.

retirar para lugares solitários.[16] Jesus não se deixava levar pela pressão das pessoas e das necessidades. Não que fosse insensível ao próximo, mas ele reconhecia quanto precisava investir tempo no relacionamento com o Pai. Sei que estamos diante de um mistério, pois Jesus é perfeitamente homem e perfeitamente Deus. Contudo, ele disse que não teria o que dizer às pessoas se antes não ouvisse do Pai;[17] ele não poderia fazer nada "por si mesmo, senão somente aquilo que vê o Pai fazer".[18] Portanto, se Jesus decidiu virar as costas para as multidões, de tempos em tempos, para que pudesse ficar sozinho com o Pai, como eu poderia fazer diferente? Se Jesus se separava das pessoas para ficar a sós com o Pai a fim de saber o que deveria dizer e anunciar, como eu poderia subir no púlpito para anunciar aos outros um sermão extraído de livros ou de vídeos? Eu não era (e não sou) melhor do que Jesus; portanto, como poderia simplesmente ignorar a prática da solitude? Como poderia continuar enchendo a minha agenda de atividades e reuniões com outras pessoas e não ter nenhum espaço do dia para estar a sós com Deus?

A questão da solitude não tem a ver apenas com a qualidade de tempo, mas também com a quantidade de tempo. Quando Jesus fez a escolha dos doze discípulos, ele "se retirou para o monte, a fim de orar, e passou a noite orando a Deus."[19] Jesus não orou por cinco ou trinta minutos, mas

---

[16] Lucas 5.15,16.
[17] "Pois não falei por mim mesmo, mas o Pai que me enviou me ordenou o que dizer e o que falar." (João 12.49, NVI.)
[18] João 5.19.
[19] Lucas 6.12.

durante toda a noite. Ele precisava de tempo a sós com o Pai a fim de saber quem eram as pessoas que deveriam ser escolhidas para a função de apóstolos.

A solitude nos ajuda a tirar os olhos de tudo o mais para focarmos apenas o Senhor Deus. Deixamos os ruídos e as distrações para trás a fim de termos o nosso coração atento ao que Deus deseja nos falar. Aquietamos o coração e praticamos o silêncio, porque queremos ouvir Deus. Bonhoeffer escreveu sobre a prática do silêncio na oração:

> Silenciamos antes de ouvir a Palavra porque os pensamentos já estão voltados para ela [...] silenciamos depois de ouvir a Palavra, pois ela continua falando e vivendo e toma morada em nós [...]. Em última análise, silenciar nada mais significa do que estar à espera da Palavra de Deus e regressar abençoados por ela.[20]

Eu sei que, num mundo agitado e cheio de barulho, não é fácil pararmos tudo e silenciarmos o coração. Mas precisamos nos esforçar, tanto para o nosso bem, quanto para o bem das outras pessoas. Se não nos separarmos de tudo e de todos a fim de ouvir a Deus, não teremos a Palavra de Deus para trazer às pessoas. Tagarelaremos aquilo que os nossos pensamentos e emoções produzem em nós. Sem querer, porque não temos a Palavra em nós, feriremos as pessoas que mais amamos.

Lembro-me bem do que a falta desse tempo a sós com Deus já causou na minha vida. Enquanto eu revisitava os meus diários, encontrei esse registro de 29 de agosto de 2009.

---

[20] BONHOEFFER, Dietrich. **Vida em comunhão**. 3. ed. São Leopoldo: Sinodal, 1997. p. 60-61.

> Faz dois dias que não paro para estar contigo, Senhor. O meu coração está desesperado. As minhas mãos nesse momento estão trêmulas de alegria pelo privilégio de poder escrever esta oração. Os meus últimos dias foram difíceis, especialmente ontem e hoje até esta hora. Não consegui desenvolver o silêncio e a oração ontem. O meu coração ficou paralisado de indignação e ira quando, depois de um dia de intenso trabalho braçal, a Ana me disse que não havia gostado da nossa nova roupa de cama. Segundo ela, a roupa de cama e as paredes do quarto eram da mesma cor e aquilo não era legal. [...] Eu fiquei com o coração ferido por causa desse comentário, me desentendi com a Ana, chamando-a de perfeccionista, e me tornei indiferente com ela. Por causa da cor de uma roupa de cama! [...] Ah, meu Deus, onde foi que me perdi?

Eu sei onde foi que havia me perdido. Eu me perdi nas muitas atividades, que, por sua vez, roubaram o meu tempo com Deus. Assim, quando, naquele momento de *stress* eu precisava da Palavra de Deus, eu não a tinha dentro de mim. Em mim havia apenas minhas próprias emoções e palavras. E, como as nossas próprias palavras não podem trazer vida, eu feri o coração da minha esposa com a minha reação tagarela.

A prática da solitude não é um luxo, mas uma necessidade. Se queremos viver uma vida pessoal feliz, conosco e com os outros, precisamos fazer como Jesus, que se retirava constantemente para lugares desertos a fim de estar a sós com o Pai.

A disciplina da adoração

Eu me casei com uma mulher que se conecta mais facilmente com Deus por meio da adoração. Sei que a adoração vai muito além das palavras e que é um estilo de vida.

Entendo perfeitamente esse conceito mais amplo. No entanto, precisamos compreender que, além de ser um estilo de vida, a adoração também é um exercício espiritual, isto é, algo que fazemos por causa de Deus, em algum momento do nosso dia.

Eu não estou sozinho nessa compreensão sobre adoração. Richard Foster disse:

> Um dos motivos pelos quais a adoração deve ser considerada uma disciplina espiritual é por ser uma forma estabelecida de agir e viver que nos põe diante de Deus para que ele possa nos transformar. Embora estejamos apenas reagindo ao toque libertador do Espírito Santo, existem estradas, divinamente traçadas, para alcançar essa esfera.[21]

A minha esposa caminha por essas estradas com bastante frequência. Ela se sente mais à vontade em se relacionar com Deus usando palavras e outras expressões de linguagem como levantar as mãos e o ato de se ajoelhar diante de Deus.

A palavra na língua portuguesa para "adorar" vem da palavra hebraica que significa "prostrar-se, inclinar-se".[22] Portanto, para os homens e para as mulheres que viveram nos tempos do Antigo Testamento e que se relacionaram com Deus em Canaã, no caminho, no deserto, no tabernáculo ou no templo, adorar a Deus significava inclinar-se,

---

[21] **FOSTER, Richard. Celebração da disciplina, p. 230-231.**

[22] החש (*shachah*) uma raiz primitiva; DITAT - 2360; v. 1) inclinar-se 1a) (*Qal*) inclinar-se 1b) (*Hifil*) deprimir (fig.) 1c) (*Hitpael*) 1c1) inclinar-se, prostrar-se 1c1a) diante de superior em deferência 1c1b) diante de Deus em adoração 1c1c) diante de deuses falsos 1c1d) diante dum anjo. (**Léxico hebraico, aramaico e grego de Strong**).

prostrar-se, colocar "o rosto no chão" e, muitas vezes, ao mesmo tempo, abrir a boca para dizer palavras a Deus ou cantar louvores ao nome do Senhor.

Quando o servo de Abraão viu que Deus o havia abençoado na viagem para encontrar uma esposa para Isaque, ele se prostrou, adorou e louvou ao Senhor.[23] Quando o povo de Israel no Egito ouviu que o Senhor os tinha visitado, eles se inclinaram e adoraram.[24] Quando o salmista disse que a terra canta louvores a Deus, ele também mencionou que "Toda a terra te adora e canta louvores a ti, canta louvores ao teu nome".[25] O termo adorar aparece mais de 170 vezes no Antigo Testamento e em todas as ocasiões tem a ver com a expressão corporal e com o modo como as pessoas reagiam à presença de Deus.

A minha esposa costuma reagir à presença de Deus com expressões de adoração. Ela se ajoelha, levanta as mãos e abre a boca, entoando canções de louvor ao Senhor. Algumas vezes, ela se derrama em lágrimas diante da Palavra de Deus. Ana é expressiva e consegue se conectar com Deus rapidamente por meio desses exercícios espirituais. Lembro-me de uma ocasião em que recebemos, por engano, uma caixa de chocolates na nossa casa. Ela ligou para a empresa a fim de explicar que haviam entregado aquele presente no lugar errado. Quando a pessoa do outro lado da linha disse que poderíamos comer aqueles chocolates, a Ana percebeu aquele ato de carinho de Deus para conosco e se encheu do Espírito Santo. Imediatamente, ela se ajoelhou,

---

[23] Gênesis 24.48.
[24] Êxodo 4.31.
[25] Salmo 66.4, NVI.

agradeceu a Deus, se levantou, pôs uma música para tocar e, com lágrimas nos olhos, começou a dançar diante do Senhor. A nossa casa se encheu da glória da presença de Deus e todos nós — os meus dois filhos e eu — começamos a dançar juntamente com ela.

Como escreveu Richard Foster:

> Na adoração, devemos apresentar nosso corpo a Deus numa postura coerente com nosso espírito. Ficar em pé, bater palmas, dançar, levantar as mãos e levantar a cabeça são posturas coesas com o espírito de louvor. Permanecer imóvel, desalentado, simplesmente não é adequado para o louvor. Ajoelhar-se, curvar a cabeça e prostrar-se são posturas adequadas ao espírito de adoração e de humildade.[26]

Em outras palavras, a adoração move o nosso corpo para honrar a Deus. E isso é legítimo! Muitas pessoas têm mais facilidade de se relacionar com Deus dessa maneira. Enquanto adoram a Deus, elas são transformadas para desfrutar a felicidade do céu.

A disciplina do serviço

A linha que separa o ativismo do serviço é uma linha tênue, mas é possível fazer uma distinção clara entre um e outro. O ativismo é o nome que damos ao trabalho automático: a pessoa faz o que faz, porque o seu serviço se tornou uma rotina vazia. O ativista não serve outra pessoa com dedicação, mas serve por servir ou serve por egoísmo. O ativista está em busca de autopromoção ou de elogios. Se o ativista

---

[26] FOSTER, Richard. Celebração da disciplina, p. 234.

não é reconhecido pelo que faz, ele se sente mal e começa a acusar os outros que, a seus olhos, não produzem tanto.

Richard Foster apresenta uma lista de características do ativismo, ou como ele chama, do serviço farisaico: "O serviço farisaico deslumbra-se com as 'coisas grandiosas' [...] vive a expectativa de recompensas externas [...] tem extrema preocupação com resultados [...] escolhe a quem servir [...] é afetado por humores e caprichos [...] é temporário [...] é insensível [...] causa rupturas na comunidade".[27] Esse tipo de serviço é sempre manipulativo e, se a pessoa não se arrepender e mudar de atitude, a comunidade sofre com ele.

A disciplina do serviço foi vividamente exemplificada por Jesus. Nos seus últimos dias de vida, quando estava para ser preso e crucificado, em vez de tomar um cetro nas mãos e exigir que as pessoas o servissem, Jesus se levantou na ceia, "tirou a vestimenta de cima e, pegando uma toalha, cingiu-se com ela. Em seguida Jesus pôs água numa bacia e começou a lavar os pés dos discípulos".[28] Jesus fez isso porque os pés dos discípulos estavam sujos da poeira das ruas. E como ninguém havia se prontificado a fazer aquele trabalho, que era um serviço dos escravos, Jesus tomou a iniciativa. Ele fez aquilo que precisava ser feito, mas que ninguém queria fazer. Jesus mostrou que o serviço é um exercício simples e diário: onde houver uma necessidade, aí haverá a oportunidade para servir.

A alegria em servir era uma marca na vida da minha tia. Ela estava sempre respondendo às necessidades com a disponibilidade para servir. Quando a minha avó desenvolveu o mal

---

[27] **FOSTER, Richard. Celebração da disciplina, p. 184-185.**

[28] João 13.4,5.

de Parkinson, a minha tia se dispôs a cuidar dela, e a serviu até o fim. Logo depois, ela decidiu se mudar para a casa do irmão, que estava com câncer. Ela ficou cuidando dele até o dia em que ele faleceu. Então, a minha mãe a acolheu em casa e ali também a tia Helenita estava sempre servindo. Quando acabavam os almoços em família, ela saía de mansinho e ia até a pia para lavar a louça. Quando os sobrinhos pequenos estavam entediados, ela os chamava para fazer brinquedos de "sucata". Se alguém precisava de uma oração ou de um conselho, lá estava a tia Helenita para escutar. Para ela, não havia diferença entre "serviços grandes" ou "serviços pequenos". A mesma alegria que tinha para falar em uma grande conferência, ela tinha para falar a um grupo de dez crianças na sala da escola dominical. Ela viveu a disciplina do serviço, serviu os outros enquanto viveu e terminou seus dias com um coração feliz. Henri Nouwen, em um de seus livros, comentou sobre a felicidade no serviço. Ele escreveu: "em toda parte onde vemos um serviço real, também nos deparamos com a alegria, porque, no meio do serviço, a presença divina se torna visível e [a alegria] é oferecida [como] um dom".[29]

A disciplina do jejum

O jejum não é uma disciplina muito apreciada, apesar de ser bíblica. A Bíblia nos mostra que, todas as vezes que o povo de Israel estava em uma situação emergencial, eles jejuavam e oravam. Na época em que Israel perdeu a arca da aliança para os filisteus, Samuel liderou o povo em jejum e oração.[30]

---

[29] NOUWEN, Henri et al. **Compaixão: reflexões sobre a vida cristã**. São Paulo: Paulus, 1998. p. 45.
[30] 1Samuel 7.5,6.

Quando o rei Josafá ficou sabendo que um exército inimigo estava se aproximando, ele proclamou um tempo de jejum e de oração em todo o reino de Judá.[31] No ano em que o povo de Israel corria o risco de desaparecer da face da terra sob a ameaça de Hamã, Ester conclamou os judeus ao jejum e à oração.[32] Na ocasião em que as plantações e a economia de Israel foram destruídas pelos enxames de gafanhotos, Joel convocou o povo ao jejum e à oração.[33] Até mesmo os ninivitas, que eram pagãos, oraram e jejuaram, quando estavam sob a ameaça do derramamento da ira de Deus.[34] E eles foram respondidos! Quando o sacerdote Esdras reconheceu que poderia ter dificuldades em sua viagem de volta a Jerusalém, ele pediu às pessoas que jejuassem e orassem.[35]

O jejum não era observado apenas no tempo do Antigo Testamento. O Novo Testamento também traz diversas referências à prática do jejum. Logo depois de ser batizado, Jesus jejuou durante quarenta dias e quarenta noites.[36] Antes que fossem iniciadas as viagens missionárias que mudaram a história do mundo, Paulo, Barnabé e os demais líderes da igreja de Antioquia se voltaram para Deus em adoração e jejum.[37] Nas poucas ocasiões em que falou sobre a sua vida, Paulo se referiu à prática do jejum como algo normal e esperado na vida de um seguidor de Jesus. "Como servos de

---

[31] 2Crônicas 20.2-4.
[32] Ester 4.
[33] Joel 2.15.
[34] Jonas 3.5.
[35] Esdras 8.21-23.
[36] Mateus 4.1,2.
[37] Atos 13.1-3.

Deus," ele escreveu, "recomendamo-nos de todas as formas: em muita perseverança; em sofrimentos, privações e tristezas; em açoites, prisões e tumultos; em trabalhos árduos, noites sem dormir e jejuns".[38] Na verdade, Jesus espera que pratiquemos o jejum. Enquanto ensinava seus discípulos, ele não disse: "se vocês jejuarem," mas, "quando jejuarem".[39]

Por causa da palavra e do exemplo de Jesus, decidi fazer um jejum de 40 dias, fazendo uso somente de água. Eu já havia feito inúmeros jejuns menores, mas seria a primeira vez que passaria mais de 20 dias apenas à base de água. Eu gostaria de dizer que todos os dias foram maravilhosos e sobrenaturais, mas não foram. Houve dias de muita paz, outros de muito peso; dias em que recebi respostas de orações, e outros em que Deus não me respondeu como eu desejava; dias de muita celebração, e outros de muita guerra.

No 15º dia de jejum, no dia 10 de fevereiro de 2014, escrevi no meu diário: "Achei que não iria suportar a intensidade e a força das tentações. Mas o Senhor me ajudou e me deu forças. Achei que seria mais fácil. Algumas vezes, pensei que fiz uma loucura ao iniciar um jejum de 40 dias. Mas o Senhor tem ajudado até agora. Quero terminar bem". No 29º dia de jejum, o meu coração já estava mais aquietado: "Até aqui o Senhor tem me ajudado", escrevi. "Uns confiam em carros, outros em cavaleiros, mas eu farei menção do nome do Senhor. Sei que a minha força tem vindo dele. Cada dia tem sido mais significativo; cada passo é importante e um aprendizado que eu verei ao longo da minha vida."

---

[38] 2Coríntios 6.4,5, NVI.
[39] Mateus 6.16.

Conclusão

Continuo dando passos em direção a Deus e buscando me aprofundar no relacionamento com ele. A solitude, a meditação na Palavra, as orações, o jejum e a adoração (entre outras disciplinas espirituais) permanecem sendo uma prática constante e uma disciplina que tenho buscado ensinar aos meus filhos. Enquanto eu escrevia estas páginas, o meu filho mais velho estava em um propósito de jejum de 21 dias sem o café da manhã. Em vez de comer, ele decidiu se colocar de joelhos no chão da sala para orar em seu próprio favor e dos amigos durante todas as manhãs. Ele tomou essa decisão por saber que precisava se fortalecer cada vez mais em Deus e estar apto para enfrentar as oposições de um mundo hostil ao evangelho. Ele e o irmão têm aprendido que as disciplinas espirituais os posicionam em um lugar onde ficam mais sensíveis à voz Deus e mais preparados para viver o descanso que o Senhor prometeu. Mas este é o tema do próximo capítulo.

felicidade

CAPÍTULO 4

O DESCANSO E A
felicidade

O sábado [o descanso] *é a metáfora do paraíso e um testemunho da presença de Deus.*[1] — Susannah Heschel

O ser humano é descartável

Êxodo do povo de Israel do Egito iniciou um novo período na história dos hebreus. Após terem vivido como escravos por muitos anos, pela primeira vez, como povo, eles experimentavam a liberdade. Embora fossem escravos, os hebreus deixaram o Egito como um exército vitorioso[2] e foram abençoados por Deus ao receberem inúmeros bens do inimigo. Ninguém saiu de mãos vazias. Eles levaram dos egípcios muitas riquezas em objetos daquele povo. Os escravos tornaram-se livres. Os que nada tinham passaram a possuir o que desejavam. Os egípcios deram a eles o que pediam[3] e até mesmo pressionaram o povo para que se apressasse em sair do país.[4] Os hebreus saíram com a massa do pão sem fermento acomodada nos

---

[1] HESCHEL, A. J. **The Sabbath, its meaning for the modern man**. New York, NY: Farrar, Straus and Giroux, 2005. p. vii. [Tradução livre.]
[2] Êxodo 12.41.
[3] Êxodo 12.35,36.
[4] Êxodo 12.33.

ombros, com as amassadeiras embrulhadas em suas roupas[5] e com todos os seus rebanhos de bois, ovelhas e cabras.[6]

A nova experiência de liberdade se transformou em festa. Moisés e os homens formaram um imenso coral para cantarem os feitos e a grandeza do Senhor: "Cantarei ao SENHOR, pois triunfou gloriosamente [...] O SENHOR é a minha força e a minha canção".[7] Encorajadas e animadas com o coral dos homens, Miriã, a profetisa, e todas as demais mulheres, pegaram tamborins e dançaram, cantando: "Cantem ao SENHOR, pois triunfou gloriosamente".[8] Pela primeira vez na história, eles se percebiam como gente de fato, não como escravos abusados e explorados. Eles não eram mais propriedade a ser usada, expropriada, vendida nem destruída; eram seres humanos livres para decidir sobre o próprio futuro.

Infelizmente, a festa não durou para sempre. Passados quarenta e cinco dias desde o êxodo do Egito,[9] os hebreus consumiram os pães sem fermento que haviam feito e reclamaram contra Moisés e Arão: "Vocês nos trouxeram a esse deserto para fazer morrer de fome toda esta multidão!".[10] Se antes Moisés e Arão eram amigos e heróis, na crise eles se tornaram traidores e vilões. Se antes Deus era a força e a canção, na dificuldade Deus era aquele que havia errado por não ter matado o povo no Egito. Por causa daquela

---

[5] Êxodo 12.34.
[6] Êxodo 12.38.
[7] Êxodo 15.1,2, NVI.
[8] Êxodo 15.21, NVI.
[9] Êxodo 16.1.
[10] Êxodo 16.3, NVI.

circunstancial falta de comida, eles desconsideraram tudo o que tinham vivido e descartaram as pessoas que os ajudaram. Eles disseram que preferiam faraó a Moisés, e os deuses do Egito ao Deus que os havia libertado.

Parece absurdo alguém trocar a liberdade por um prato de comida, ou desejar a prisão a passar por situações de necessidade. Entretanto, a experiência da crise leva as pessoas a terem pensamentos confusos e a tomarem decisões inusitadas. Recentemente, a polícia de Tóquio divulgou o resultado de uma série de entrevistas feitas com ladrões que tinham mais de 65 anos de idade. A maioria deles afirmou que preferia a prisão à vida em liberdade. A falta de amigos, parentes, moradia, trabalho e dinheiro para comprar comida os levou a concluir que era melhor cometer um crime e viver a "segurança da cadeia" do que viverem livre e atravessarem sozinhos a velhice.[11] De repente, as pessoas mais velhas perceberam que haviam sido abandonadas pela família e, porque não tinham mais força para trabalhar, haviam sido descartadas pela sociedade. Se os hebreus decidiram descartar Moisés por acharem que ele não servia mais a seus propósitos, os japoneses descartaram os idosos por perceberem que não eram mais capazes de produzir riqueza para o país.

A despersonalização do ser humano

A dificuldade em ver o outro e ter compaixão dele é uma das consequências do processo de despersonalização

---

[11] Disponível em: <https://www.vice.com/pt/article/4xdwqm/japoneses-preferem-prisao-em-vez-da-solidao>. Acesso em: 21 fev. 2020.

do ser humano. O processo de despersonalização faz que as pessoas olhem umas para as outras e não mais vejam um ser humano, ou seja, alguém que, como elas, é completamente distinto de tudo o que existe no universo. Ao serem despersonalizadas, as pessoas se olham e enxergam tão somente um animal bípede, um objeto, uma máquina, uma propriedade, um bem, uma engrenagem, um recurso, uma coisa, uma estatística ou um número.

Em 1978, Helmut Thielicke, pastor que enfrentou o período nazista na Alemanha e sobreviveu aos campos de extermínio, explicou os motivos de o Holocausto ter acontecido por causa de uma nação onde nasceram pessoas como Bach, Beethoven e outros tantos luminares das artes e das ciências. Ele disse que a razão última porque o Holocausto teve origem na Alemanha tinha uma explicação teológica. As pessoas deixaram a visão bíblica sobre o ser humano e abraçaram o materialismo, despersonalizando o ser humano e o transformando em um objeto.

Segundo Thielicke, a Bíblia ensina que a dignidade da pessoa é dada por Deus, o Criador, que formou o homem segundo sua própria imagem e conforme sua semelhança.[12] A humanidade do ser humano é tão única, digna e distinta de toda a criação que Deus escolheu encarnar, tornar-se gente, viver entre os homens e morrer na cruz por amor ao ser humano. Deus não assumiu a forma de um animal, de

---

[12] "Então disse Deus: "Façamos o homem à nossa imagem, conforme a nossa semelhança. Domine ele sobre os peixes do mar, sobre as aves do céu, sobre os grandes animais de toda a terra e sobre todos os pequenos animais que se movem rente ao chão. Criou Deus o homem à sua imagem, à imagem de Deus o criou; homem e mulher os criou." (Gênesis 1.26,27.)

um livro ou de uma máquina, mas de um ser humano. Ao escrever sobre o amor de Deus pelo homem, o apóstolo João disse: "Porque Deus tanto amou o mundo que deu o seu Filho Unigênito, para que todo o que nele crer não pereça, mas tenha a vida eterna".[13]

Entretanto, na Alemanha nazista, essa perspectiva bíblica do ser humano foi trocada por uma perspectiva materialista. Segundo tal visão materialista e pragmática, o ser humano só tem dignidade se é produtivo. A dignidade de uma pessoa não está nela mesma, mas na função que executa e no volume daquilo que consegue produzir. Quando alguém não é mais capaz de executar sua função no sistema, seja por causa da idade, seja por enfermidade, seja por debilidade emocional, seja por deficiência física, tal pessoa deixa de ter dignidade. Da mesma maneira como se faz com uma máquina quebrada, tal pessoa deve ser descartada. Os líderes da Alemanha, por ocasião do Holocausto, tinham essa visão do ser humano.[14] As pessoas que não aceitavam ou não conseguiam se tornar engrenagens no sistema, nem se encaixar na máquina, nem executar sua função ou produzir algum bem, deveriam ser cortadas e eliminadas nas câmaras de gás.

Em seu livro *A sociedade tecnológica*,[15] Jacques Ellul sugere que os seres humanos foram despersonalizados e se transformaram em máquinas por causa da vitória da tecnologia sobre

---

[13] João 3.16, NVI
[14] ELMER, Duane. **Cross-Cultural Servanthood**. InterVarsity Press, p. 64-65. Kindle Edition. [Tradução livre.]
[15] ELLUL, Jacques. **The Technological Society**. New York: Vintage Books, 1967. [Tradução livre.]

a alma. Quando a sociedade escolheu a eficiência acima de tudo, ela também escolheu silenciar a alma. A valorização de mais eficiência, maior produção e melhor organização para se alcançar um objetivo extinguiu o espaço e o tempo para os exercícios da alma humana, que são o relacionamento pessoal com o outro, com a família e com a comunidade. Ellul ponderou que "não se pode falar sobre isolamento [total]. Os homens trabalham em equipe, mas, por outro lado, não precisam se conhecer ou se compreender. Eles precisam apenas entender a técnica envolvida e saber, de antemão, o que cada pessoa da equipe irá fazer".[16]

Nesse mundo materialista da técnica e da eficiência, as pessoas não existem para se conhecer intimamente e compartilhar umas com as outras alegrias e tristezas, vitórias e derrotas, sonhos e pesadelos, medos e coragem, forças e fraquezas, angústias e esperanças da vida, mas para usar o outro, se aproveitar do outro e sugar o outro a fim de produzir mais e atingir objetivos pessoais geralmente egoístas.

Em um mundo onde as pessoas não são vistas como seres que carregam a imagem de Deus e que possuem uma alma imortal, não existe certo e errado.[17] Ninguém sabe quais são os limites entre o que se pode fazer e o que não se pode fazer. Todos concordam em usar o outro para benefício próprio. Sustenta-se que todas as engrenagens da

---

[16] ELLUL, Jacques. **The Technological Society**. p. 132. [Tradução livre.]

[17] Jacques Ellul mostra que "a principal característica da *technique* é a recusa em tolerar julgamentos morais. A *technique* é totalmente livre [desses julgamentos morais] e os elimina de sua esfera de atuação. A *technique* nunca considera a distinção entre o uso moral ou imoral de alguma coisa. ELLUL, ibidem, p. 97. [Tradução livre.]

máquina social aceitam ser usadas e todos ganham quando há um aumento da eficiência e da produção. A pergunta básica deixou de ser: "Será que deveríamos fazer isso?", e se tornou na afirmativa: "Todos podemos fazer isso". As pessoas não se questionam mais sobre o certo e o errado, mas sobre como podem lucrar mais com determinada decisão. Já não temem ultrapassar alguns limites e não se incomodam se inconscientemente agridem a si mesmas ou machucam os outros por causa de suas decisões. Nessa cultura sem limites em que não existe o certo nem o errado, as pessoas não pensam em si mesmas nem nos outros. Elas deixaram de pensar com a alma e começaram a agir como se fossem máquinas.

A destruição do ser humano

Os campos de concentração na Alemanha nazista revelam a história sombria de como a aplicação do conceito de homem-máquina destruiu o ser humano. Nos lugares onde se pensava assim, as pessoas perdiam a identidade humana e, por serem consideradas meramente máquinas de trabalho forçado, recebiam uma tatuagem no braço com o número que as identificava. Viktor Frankl, sobrevivente daqueles horrores, escreveu que não era conhecido pelo nome nem por sua profissão de médico, mas por seu número de série: 119.104.[18] Antes de receber esse número, ele passou pela inspeção do chefe do campo, que decidia se o indivíduo tinha força física para trabalhar ou se seria enviado para as câmaras de gás, se ele se encaixaria nas engrenagens da máquina

---

[18] FRANKL, Victor. **Man's in search for meaning**. Beacon Press. Boston Kindle Edition, [s.d.]. p. 7. [Tradução livre.]

ou se deveria ser descartado como refugo em uma indústria de desumanização. Somente as pessoas que pareciam ter condição de trabalhar eram poupadas e sobreviviam.

No entanto, a sobrevivência do homem-máquina tem um preço, a saber, a morte da alma. Os nazistas sabiam disso e, por essa razão, agiam no sentido de destruir a alma das pessoas que eram escolhidas para trabalhar. Se, nos primeiros dias num campo de concentração, as pessoas passavam horas e horas lembrando-se, com saudades e dor, da casa onde moravam, da família e dos amigos, com o passar do tempo, à medida em que elas eram despersonalizadas pela violência dos algozes, suas emoções adoecidas morriam sufocadas e a pessoa atingia, nos dizeres de Frankl, a fase de relativa apatia, em que ela alcançava uma espécie de morte emocional".[19]

Essa morte emocional afetava todos os movimentos da alma, incluindo aqueles relacionados ao futuro e à esperança. Frankl disse: "o prisioneiro que perdia a fé no futuro estava condenado. Com a perda da fé no futuro, ele também perdia seu suporte espiritual; assim, se entregava ao declínio e se tornava sujeito à decadência mental e física".[20] Infelizmente, segundo Frankl, quando um prisioneiro chegava a esse avançado estado de despersonalização e infelicidade, que a gíria do campo de concentração chamava de *Muselmann*, ele desistia de viver e se entregava aos braços da morte. "*Muselmann* era o nome dado aos prisioneiros que, de tão fragilizados, tinham

---

[19] FRANKL, Victor. **Man's in search for meaning**, p. 19. [Tradução livre.]
[20] FRANKL, Victor. **Man's in search for meaning**, p. 73. [Tradução livre.]

se tornado totalmente apáticos, como acontece com as pessoas que sofrem com a depressão."[21]

Nos campos de concentração, enquanto a alma do ser humano foi destruída pela violência do negativismo, isto é, pelos tantos *nãos* e ataques contra os movimentos livres da alma, no mundo moderno, a alma do ser humano está sendo destruída pela violência do positivismo, pelos muitos *sins* e sugestões de que a alma humana é capaz de fazer todas as coisas. Quer no nazismo quer no mundo moderno, a destruição da alma acontece quando o homem não é visto como gente, como ser e, como tal, criado para viver relacionamentos profundos e íntimos com outras pessoas; ele é visto como a engrenagem de uma máquina mecânica ou um supercomputador, mas nunca como ser humano que tem alma.

O filósofo Byung-Chul Han expressou o resultado da violência do positivismo contra a alma humana com estas palavras:

> A reclamação do indivíduo depressivo: "nada é possível", só pode ocorrer em uma sociedade que pensa: "nada é impossível". A percepção de não-mais-ser-capaz-de-ser-capaz leva o indivíduo a, de forma destrutiva, se autorreprovar e autoagredir. O sujeito-que-acha-que-pode-tudo se percebe em guerra consigo mesmo. O depressivo tem sido ferido por sua guerra interior.[22]

---

[21] HAN, Byung-Chul. **The Burnout Society**. Stanford University Press. Kindle Edition, p. 19. [Tradução livre.]

[22] HAN, Byung-Chul. **The Burnout Society**, p. 11. [Tradução livre.]

A depressão, o transtorno de déficit de atenção e hiperatividade (TDAH) e a síndrome de *burnout* são, em geral, os gritos de um ser humano que perdeu a capacidade de se relacionar com o outro, e que, por ser violentamente estimulado a se portar como se fosse máquina, possui uma alma que se esgotou pelo excesso de *inputs* de positividade.[23]

A depressão afeta pessoas de todas as classes sociais, em todas as partes do mundo. Segundo a Organização Mundial de Saúde (OMS), o número de pessoas com depressão aumenta a cada ano, e o suicídio como resultado da depressão é a segunda principal causa de morte no planeta entre pessoas de 15 e 29 anos de idade.[24] Em pesquisa feita nos Estados Unidos, constatou-se que para cada 2 homicídios, acontecem 3 suicídios (dados de 1998), e o número de pessoas que cometeram suicídio aumentou 31% entre 2001 e 2017.[25] Mas o suicídio, essa resposta desesperada e impensada para a dor de uma alma que luta para não se tornar máquina, não é senão o último grito de um indivíduo que estacionou na depressão, depois de ter passado muitas vezes pelas estações da infelicidade, do estresse e do esgotamento.

Em 2016, o governo japonês reconheceu que mais de 2 mil pessoas haviam cometido suicídio naquele ano por causa do estresse decorrente das jornadas insanas de trabalho. No ano seguinte a esse pronunciamento do governo,

---

[23] "A violência da positividade não priva, satura; não exclui, esgota." HAN, Byung--Chul. **The Burnout Society**, p. 6. [Tradução livre.]

[24] Disponível em: <https://www.who.int/news-room/fact-sheets/detail/depression>. Acesso em: 6 fev. 2020.

[25] Disponível em: <https://www.dbsalliance.org/education/depression/statistics/>. Acesso em: 26 fev. 2020.

uma mulher de 31 anos morreu por excesso de trabalho. Segundo as autoridades japonesas, o coração dela simplesmente parou de bater porque ela trabalhou demais, sem fazer as pausas necessárias para o descanso.[26] A pressão para que as pessoas funcionem como máquinas, produzam cada vez mais e rompam constantemente seus limites têm levado os indivíduos ao estresse, ao esgotamento, à depressão, ao suicídio e, em alguns casos, como no Japão, ao *karoshi*, ou seja, a morte por excesso de trabalho.

Por mais estranho e chocante que pareça, existem muitas semelhanças entre a sociedade moderna e os campos de concentração. Ambos enxergam o ser humano como máquina despersonalizada. Uma das poucas diferenças está no lugar onde as grades são colocadas. Nos campos nazistas, as estruturas de controle eram colocadas do lado de fora de onde ficavam as pessoas; já na sociedade moderna, elas são colocadas dentro do próprio ser humano.

Segundo Byung-Chul Han: "Nessa sociedade de compulsão, todas as pessoas carregam um campo de concentração dentro de si mesmas. Esse campo é definido pelo fato de que a pessoa é simultaneamente prisioneira e guarda, vítima e algoz. As pessoas exploram-se a si mesmas [...]. As pessoas que sofrem com a depressão, com a bipolaridade ou com a síndrome de *burnout* desenvolveram os mesmos sintomas dos *Muselmann* dos campos de concentração."[27] Como aconteceu nos campos de concentração, acontece também nas sociedades

---

[26] Disponível em: <https://www.theguardian.com/world/2017/oct/05/japanese-woman-dies-overwork-159-hours-overtime>.

[27] HAN, Byung-Chul. **The Burnout Society**, p. 19. [Tradução livre.]

modernas, que trabalham silenciosa e incansavelmente para despersonalizar o ser humano, a fim de que eles se vejam ou sejam vistos como máquinas. Os que não conseguem se transmutar e funcionar adequadamente são descartados por outros ou se descartam a si mesmos.

A felicidade e o descanso

A crise que levou os israelitas estressados a querer descartar Moisés e a renunciar à liberdade recém-conquistada, foi a ocasião que Deus usou para formalizar um mandamento que preservasse a identidade e a vida do ser humano: a guarda do sábado. O sábado deveria servir para que as pessoas cultivassem a alma, relacionando-se com Deus e com o próximo. Ao guardarem um dia de descanso, as pessoas se protegeriam contra a tentação de despersonalizar o ser humano, contra o impulso de descartar o outro, contra a tendência de se autotransformar em máquina, contra o risco de se estressarem com o excesso de trabalho, de se esgotarem emocionalmente, de abraçarem a infelicidade, de caírem em depressão e de cometerem suicídio.

As pessoas devem viver a vida considerando a cadência entre os ritmos do trabalho e os ritmos do descanso. Segundo a Palavra de Deus, as pessoas deveriam trabalhar por seis dias, recolhendo o pão para cada dia durante os primeiros cinco dias da semana, o dobro de pão no sexto dia e nada no sétimo dia. Deus prometeu dar porção dobrada de pão no sexto dia para que as pessoas pudessem descansar no sábado: "Vejam que o Senhor deu o sábado a vocês; por isso, no sexto dia, ele lhes envia pão para dois dias.

No sétimo dia, fiquem todos onde estiverem; ninguém deve sair".[28] A porção dobrada existe por causa do descanso. Ela não é fruto da eficiência do trabalho do indivíduo, mas da bondade de Deus que, ao multiplicar os frutos do trabalho, convida as pessoas para o descanso.

No dia de descanso, Deus ordena as pessoas a não fazerem o que foi feito durante os outros seis dias da semana: elas são convidadas a parar, a desconectar-se da linha de produção, a deixar o chão da fábrica, a sair do escritório, a fechar a porta da empresa, a recuar da linha de frente da batalha e a desligar-se do mundo mecânico-organizacional que valoriza a técnica e a eficiência.

> Durante os seis dias da semana nós lutamos com o mundo, extraindo o nosso lucro da terra; no sábado, nós cuidamos especialmente da semente de eternidade plantada na nossa alma. O mundo tem as nossas mãos, mas a nossa alma pertence a Outro. Durante os seis dias da semana, buscamos dominar o mundo; no sábado, tentamos dominar o nosso eu.[29]

Isso foi escrito por Abraham Heschel. Nessa luta contra o eu, temos a missão de resgatar a nossa humanidade, envolvendo-nos em relacionamentos. Por isso, precisamos observar um dia de descanso: "separar um dia da semana para a liberdade [...] um dia para estarmos com nós mesmos, um dia em que nos afastamos do que é comum".[30] Conforme pontuou Heschel:

---

[28] Êxodo 16.29, NVI.

[29] HESCHEL, A. J. **The Sabbath, its meaning for the modern man**. New York, NY: Farrar, Straus and Giroux, 2005. p. 13. [Tradução livre.]

[30] Ibidem, p. 28. [Tradução livre.]

> O sábado não é tempo para ansiedade, preocupações ou nenhuma outra atividade que possa sufocar o espírito de alegria. O sábado não é tempo para se lembrar de pecados, confessar erros, se arrepender e nem mesmo orar por alívio ou por coisas. É um dia de gratidão, não de súplicas.[31]

É um dia separado para a vivência e a experiência da felicidade no relacionamento com Deus e com o outro.

Existe uma bênção especial quando a pessoa separa um dia na semana para se relacionar intimamente com Deus. Ainda que Deus deva ser buscado todos os dias, quando a pessoa santifica um dia para direcionar seu coração, não para qualquer atividade, mas para Deus, algo especial acontece. Os estudiosos judeus chamavam esse "algo especial" de *menuha*. Eles diziam: "O que foi criado no sétimo dia? Tranquilidade, serenidade, paz e repouso. Para a mente bíblica, *menuha* é o mesmo que felicidade e quietude, paz e harmonia [...]. É o estado em que não há conflito nem luta; não há medo nem desconfiança."[32] A *menuha* é a bênção da vida abundante e felicidade que Deus derrama sobre quem se dispõe a separar um dia da semana para se relacionar com ele. Nesse tempo, os que estão despedaçados são restaurados; os estressados recebem serenidade; os esgotados experimentam descanso e harmonia; os despersonalizados redescobrem sua humanidade intrínseca.

---

[31] Ibidem, p. 30. [Tradução livre.]
[32] HESCHEL, A. J. **The Sabbath, its meaning for the modern man**, p. 23. [Tradução livre.]

Ainda que o relacionamento com Deus seja fundamental, o ser humano também precisa se relacionar com outras pessoas. Essa foi a experiência de Adão no jardim. Mesmo tendo Deus tão próximo, ele ainda se sentia sozinho. Deus viu a solidão do homem e declarou: "Não é bom que o homem esteja só; farei para ele alguém que o auxilie e lhe corresponda".[33] Em algumas ocasiões, Deus age sobrenaturalmente para curar a nossa alma ferida; contudo, na maioria das vezes, ele usa pessoas para ministrar cura à nossa alma. Quando nós nos relacionamos e compartilhamos uns com os outros os movimentos da alma, somos mutuamente curados.

Henry Cloud, psiquiatra cristão bastante conhecido , comenta em um de seus livros que, enquanto buscava a cura da depressão, ele descobriu esta verdade transformadora:

> Eu esperava que Deus derramasse a graça dele sobre mim de uma maneira imediata e sobrenatural, mas ele me deu graça por meio das pessoas. Eu esperava que ele me falasse diretamente, mas ele estava me falando por meio das pessoas. Eu esperava que ele direcionasse a minha vida, mas ele era a força por detrás de cada direção que as pessoas me davam. Eu esperava que ele curasse a minha depressão, mas ele enviou pessoas especiais para me confortarem.[34]

Posteriormente, Cloud descobriu que a cura que recebeu por meio do relacionamento com as pessoas era apenas o retrato do que o apóstolo Paulo havia escrito em uma

---

[33] Gênesis 2.18, NVI.
[34] CLOUD, H. S.; TOWNSEND, J. S. **How people grow**: what the Bible reveals about personal growth. Grand Rapids: Zondervan, 2005. p. 120. [Tradução livre.]

de suas cartas: "Dele todo o corpo, ajustado e unido pelo auxílio de todas as juntas, cresce e edifica-se a si mesmo em amor, na medida em que cada parte realiza a sua função".[35] Estando unidas em Cristo, as pessoas crescem e se edificam a si mesmas, mas também amadurecem e curam umas às outras.

A igreja do primeiro século entendeu a importância do relacionamento com Deus e com o próximo no dia do descanso. No entanto, em vez de se reunirem para adorar a Deus no sétimo dia da semana, eles se reuniam no primeiro dia da semana. A igreja tomou essa decisão por causa do significado que o primeiro dia da semana veio a ter para eles. Foi nesse dia que as mulheres foram ao sepulcro e descobriram que Jesus havia ressuscitado.[36] Como eles eram a comunidade que celebrava a ressurreição de Jesus, eles se reuniam no primeiro dia da semana para estarem juntos, para se lembrarem da vitória de Jesus, para cultuar a Deus e fazer a coleta das ofertas.[37]

Nesse dia de descanso, as pessoas são lembradas de sua identidade original. Ao se reunirem, ninguém é definido por posição social ou por trabalho, mas tendo em vista o que Jesus fez por elas. Nesse dia, as pessoas são mergulhadas na presença do Senhor e começam a se ver e a se entender com os olhos de Jesus, como seres humanos criados à imagem e à semelhança de Deus, para quem: "Não há judeu nem grego, escravo nem livre, homem nem mulher; pois todos são um em

---

[35] Efésios 4.16, NVI.
[36] Mateus 28.1-7.
[37] 1Coríntios 16.1,2.

Cristo Jesus".[38] Se Paulo fosse escrever essas mesmas palavras usando os conceitos da sociedade moderna, talvez ele escreveria: "Não há engrenagens nem máquinas, não há números nem rótulos, não há ricos nem pobres, não há melhores nem piores; não há eficientes nem descartáveis, pois todos são um em Cristo". Quando todos decidem separar um dia para descansar e se dedicar ao cuidado da alma, o coração é transformado, a felicidade é experimentada e o outro é visto, não da ótica despersonalizadora da sociedade moderna, mas da perspectiva redentora de Cristo.

A falta de descanso, o exílio e a felicidade

O dia de descanso não foi uma sugestão de Deus para as pessoas, mas um mandamento. Porque o povo de Israel deixou de observar os ritmos da vida e trabalhou ininterruptamente durante todos os dias da semana, Deus os enviou para o exílio na Babilônia. Nabucodonosor levou presos os filhos de Israel para a Babilônia com um objetivo: "A terra desfrutou os seus descansos sabáticos; descansou durante todo o tempo de sua desolação, até que os setenta anos se completaram, em cumprimento da palavra do Senhor anunciada por Jeremias".[39] Deus havia dado os sábados à Israel para servir de sinal entre ele e o povo, para que soubessem que o Senhor era quem os santificava.[40] No entanto, como eles haviam desprezado continuamente o dia de descanso, acabaram sendo enviados para o cativeiro.

---

[38] Gálatas 3.28, NVI.
[39] 2Crônicas 36.21, NVI.
[40] Ezequiel 20.12.

Neemias, que viveu no tempo do pós-exílio babilônico, tinha tanta consciência de que a falta da observância dos ritmos da vida havia sido a causa do cativeiro que repreendeu o povo de Israel por estarem caindo na mesma tentação de seus antepassados: "Como é que vocês podem fazer tão grande mal, profanando o dia de sábado? Por acaso os seus antepassados não fizeram o mesmo, levando o nosso Deus a trazer toda essa desgraça sobre nós e sobre esta cidade? Pois agora, profanando o sábado, vocês provocam maior ira contra Israel!".[41]

Engana-se quem pensa que Deus agiu severamente contra Israel por causa do sábado. Deus agiu implacavelmente, disciplinando seu povo por causa deles mesmos. O sábado não existe por causa do descanso, mas por causa das pessoas. Como afirmou Jesus: "O sábado foi feito por causa do homem, e não o homem por causa do sábado".[42] O homem precisa do sábado para não cair na tentação de se transformar em uma coisa, em um objeto ou em uma máquina; ele precisa do dia de descanso para não deixar de ser quem é: pessoa, ser humano. Deus sempre fará todo o necessário para que o ser humano obedeça aos ritmos do trabalho e do descanso e, assim, permaneça sendo gente, experimentando a felicidade verdadeira. Se, porventura, as pessoas se esquecerem do descanso, de alguma maneira Deus as forçará a parar, mesmo que tenha que enviá-las para algum tipo de exílio.

Abraham Heschel sabia o que significava o exílio. Ele se levantou como profeta em seu tempo e publicou um livro sobre o sábado em 1951, ao perceber quanto o judaísmo

---

[41] Neemias 13.17,18, NVI.
[42] Marcos 2.27, NVI.

havia se deixado corromper nos Estados Unidos. Ele percebeu que a maioria dos judeus que havia conseguido fugir do Holocausto havia se perdido na cultura americana.

Aqueles judeus começaram a trabalhar, a prosperar e a abandonar as marcas da fé. Eles pareciam querer um judaísmo sem espiritualidade, sem Deus, sem fé e sem sábado. Para eles, o sábado interferia no trabalho, na socialização e nas compras. Mas Heschel tinha outra percepção da realidade. Ele via o sábado como condição *sine qua non* para as pessoas sobreviverem naquela sociedade, mantendo-se livres das cadeias de escravidão do mundo material. Ele notou: "Há muita gente que conseguiu alcançar a liberdade política e social, mas poucos que não se tornaram escravos das coisas. Este é o nosso desafio: como viver com as pessoas e permanecer livres; como viver com as coisas e permanecer independentes".[43] Heschel sabia, pela história, que somente a guarda do dia de descanso poderia preservar a humanidade, a liberdade, a felicidade e a identidade de cada pessoa.

---

[43] HESCHEL, A. J. **The Sabbath, its meaning for the modern man**, p. 89. [Tradução livre.]

CAPÍTULO 5

A IDENTIDADE E A *felicidade*

Muitas pessoas desejam que o mundo se torne um lugar mais feliz. Talvez nos seja necessário refletir sobre como podemos fazer deste nosso mundo um lugar mais feliz, aprendendo primeiro a ser felizes no coração. — James Houston

O engano das riquezas

O mundo vive uma crise de identidade, e todos estão em busca do que realmente a possa trazer. Muita gente imagina que os ricos são necessariamente felizes. Isso não é verdade. Há muitos ricos infelizes. Basta fazer uma visita aos consultórios psiquiátricos para descobrir a quantidade de gente que tem vivido à base de antidepressivos, mesmo tendo uma vida aparentemente perfeita e feliz. Essas pessoas pagam caro por consultas médicas e remédios porque, apesar de terem tudo o que os olhos desejam comprar, ainda se sentem vazias. As riquezas não trouxeram a tão prometida felicidade.

As riquezas enganam. Jesus falou sobre o engano das riquezas, dizendo: "a vida de uma pessoa não consiste na abundância dos bens que ela tem".[1] Enquanto o rico diz: "Você tem em depósito muitos bens para muitos anos;

---

[1] Lucas 12.15.

descanse, coma, beba e aproveite a vida", Deus responde: "Louco! Esta noite lhe pedirão a sua alma; e o que você tem preparado, para quem será?". [2]

O dinheiro traz a falsa ilusão de segurança, longevidade e sucesso pleno. O bem-sucedido neste mundo pensa que é bem-sucedido aos olhos de Deus. Ele está enganado e é apenas mais um dos loucos que foi iludido pelo poder de Mamon, o deus das riquezas. A riqueza deste mundo não significa a aprovação de Deus, como algumas pessoas imaginam. Jesus disse que é "difícil para os que têm riquezas entrar no Reino de Deus!". [3] E, uma vez que o Reino de Deus é "justiça, paz e alegria no Espírito Santo",[4] se o rico tem dificuldade de entrar no Reino de Deus, ele também tem dificuldade de desfrutar a verdadeira felicidade. Aquele que constrói e estabelece sua identidade por meio das riquezas dificilmente experimentará a felicidade.

Frank Capra usou sua habilidade na produção de filmes para mostrar que a identidade construída com base nas riquezas traz infelicidade. Ele viu de perto os horrores da Segunda Grande Guerra e presenciou as nações mais ricas e poderosas do planeta sacrificarem a vida de milhões de jovens nas frentes de batalha. Nos absurdos da guerra, o ser humano perdeu a identidade, tornou-se uma "coisa" e uma *commodity* que podia ser descartada nas trincheiras, nos campos de concentração e nas câmaras de gás. Enquanto a guerra e a propaganda de massa trabalhavam para *coisificar* a identidade do ser humano, Frank Capra usou o meio cinematográfico para exaltar a dignidade do indivíduo.

---

[2] Lucas 12.19,20.
[3] Marcos 10.23.
[4] Romanos 14.17.

Em seu filme mais conhecido, *A felicidade não se compra*,[5] lançado em 1946, o vilão, Mr. Potter, era um banqueiro ganancioso que, no fim da vida, tornou-se muito rico, mas completamente sozinho. Ele não tinha ninguém a seu lado a não ser os empregados, que recebiam salário para estarem com ele. Ele era o próprio retrato da infelicidade.

Por outro lado, o herói, George Bailey, era um banqueiro generoso, que usava suas habilidades para melhorar a vida das pessoas da comunidade. Em seu momento mais difícil, por causa das pressões que sofria enquanto era tentado a cometer suicídio, pediu ajuda a Deus. Naquele instante de agonia, Deus respondeu às suas orações e enviou um anjo para lhe abrir os olhos e mostrar quanto a vida dele havia sido importante para outras pessoas. O anjo o fez descobrir que, apesar de não ter dinheiro guardado no cofre, ele era rico em amizades verdadeiras. Sua generosidade e sua entrega pessoal em favor dos outros havia marcado e transformado a história de muita gente. Mesmo não tendo riquezas materiais, ele era um homem digno e feliz, que havia usado seus dons para servir a comunidade.

A felicidade, como o filme retrata, é experimentada ao longo da jornada da vida, enquanto andamos pelo caminho, servindo os demais. A felicidade não está associada ao que acumulamos para nós mesmos, mas a quanto compartilhamos do que temos com os outros. James Houston enfatizou essa verdade, escrevendo:

> A felicidade somente pode ser completa quando concedida a outras pessoas. Ela jamais pode ser vivenciada de modo egoísta, para o nosso próprio bem, mas deve ser compartilhada.

---

[5] Em inglês, *It's a wonderful life*.

> Não podemos nos agarrar à felicidade simplesmente, mas é preciso abrir mão dela antes que nós, e os outros, possamos verdadeiramente desfrutá-la.[6]

Quanto mais retemos o que temos, mais infelizes nos tornamos. Por outro lado, quanto mais nos conhecemos e compartilhamos o que possuímos, mais nos aproximamos da vida feliz.

"Conhece-te a ti mesmo"

Essa frase estava inscrita no templo de Apolo, na cidade de Delfos, na Grécia Antiga. Alguns atribuem a frase a Sócrates. Outros dizem que foi usada, antes de todos, por Tales, outro filósofo grego. A maioria dos estudiosos entende que essa frase era parte da vida cotidiana e da sabedoria popular dos gregos, que estimulavam as pessoas a se conhecerem para que pudessem servir a cidade. Todos sabiam que a cidade seria mais feliz se os relacionamentos fossem mais saudáveis; e os relacionamentos seriam mais saudáveis se as pessoas se conhecessem melhor. O raciocínio é simples: se nós nos conhecemos, vamos saber como podemos servir o outro; quais são as nossas forças e habilidades; o que não é pesado para nós; o que é proveitoso para o outro; como podemos contribuir para o sucesso de alguém e o que fazer para a prosperidade da sociedade.

Essa foi a descoberta de Donald O. Clifton, psicólogo e fundador do Instituto Gallup. Segundo ele, o autoconhecimento nos ajuda a descobrir quais são os nossos pontos

---

[6] HOUSTON, James. **A felicidade**: em busca de uma vida verdadeira e plena, p. 16.

fortes e como a nossa felicidade está ligada a quanto usamos os nossos pontos fortes no dia a dia. Os estudos dizem que quanto mais as pessoas "usam as suas forças [talentos] para fazer o que elas fazem de melhor, mais elas dirão que têm se sentido satisfeitas e felizes."[7]

A história de Steve ilustra o que Clifton descobriu. Steve tinha dislexia (que demorou anos para ser diagnosticada), e não era tão bom aluno quanto suas três irmãs. Além disso, ele sempre tinha muita dificuldade para concluir as tarefas que começava. Mas, em vez de diminuir Steve, a mãe percebeu que o filho gostava de fotografia. Por isso, decidiu investir nesse talento, comprando o equipamento necessário e levando o filho para tirar fotos e fazer pequenos filmes no deserto. Ainda que as notas da escola não melhorassem, as fotografias e os pequenos filmes que ele produzia eram bons e lhe davam prazer e satisfação. A mãe percebia a alegria do filho e se sentia feliz.

O filho cresceu e conseguiu um emprego fazendo o que gostava: filmes. Talvez você já tenha assistido a alguns filmes produzidos por ele, que assinou as suas produções com o seu nome completo: Steven Spielberg. "Leah Adler não sabia para onde Steve estava indo com os seus filmes caseiros, mas ela sabia que ele tinha muita satisfação e alegria em produzi--los."[8] Certa vez, em conversa com alguém, Steven Spielberg disse que "os filmes o ajudaram [...] e de alguma maneira o salvaram da vergonha e da culpa."[9] Ainda que ele não fosse tão bom na leitura, ele tinha outros talentos; e foi no uso

---

[7] MARY, Reckmeyer Ph. D. **Strengths Based Parenting**: Developing Your Children's Innate Talents. Gallup Press, p. 25. [Tradução livre.]
[8] Ibidem, p. 27. [Tradução livre.]
[9] Ibidem, p. 26. [Tradução livre.]

desses talentos que ele descobriu a felicidade de poder servir a sociedade.

A nossa experiência de felicidade vai estar sempre associada com o tanto que podemos usar os nossos talentos para servir alguém. Como escreveu Houston, "ela [a felicidade] possui inúmeros significados para diferentes pessoas."[10] Por isso, precisamos nos conhecer, saber quem somos, entender a nossa identidade única, discernir quais são os nossos pontos fortes e investir o nosso tempo no desenvolvimento dessa habilidade específica. Tom Rath, ao comentar o resultado das pesquisas do Instituto Gallup, enfatizou que os "estudos indicaram que as pessoas que têm a oportunidade de focar nos seus pontos fortes no dia a dia são seis vezes mais engajadas no seu trabalho e três vezes mais inclinadas a dizer que têm uma qualidade de vida excelente."[11] Se descobrimos qual é o nosso *design* original, vamos viver a felicidade de poder servir as pessoas com os dons que Deus nos deu.

Os dons de identidade

A Bíblia diz que, quando subiu às alturas, Jesus levou cativo o cativeiro e concedeu dons aos homens.[12] Todos nós possuímos dons que apontam para a nossa identidade única. Quando deixamos Jesus quebrar as nossas prisões e dirigir a nossa vida, descobrimos quais são os nossos dons e conseguimos servir as pessoas com os dons que recebemos.

---

[10] HOUSTON, James. **A felicidade**: em busca de uma vida verdadeira e plena, p. 14.
[11] RATH, Tom. **StrengthsFinder 2.0**. Simon and Schuster, 2007, p. iii. [Tradução livre.]
[12] Efésios 4.8.

Nós descobrimos a nossa identidade e missão no mundo, como Paulo escreveu: "se é profecia, seja segundo a proporção da fé; se é ministério, dediquemo-nos ao ministério; o que ensina dedique-se ao ensino; o que exorta faça-o com dedicação; o que contribui, com generosidade; o que preside, com zelo; quem exerce misericórdia, com alegria."[13] Conhecer o nosso dom de identidade, quer sejamos profetas, servos, mestres, encorajadores, doadores, líderes ou misericordiosos, é conhecer os nossos pontos fortes e descobrir como podemos contribuir para o crescimento das pessoas à nossa volta.[14]

O profeta

Os profetas têm facilidade de explicar a vida, identificando os princípios que estão escondidos por detrás de cada situação. Eles se sentem atraídos e chamados para resolver problemas, encontrando os padrões que se repetem em cada situação específica. Enxergam os acontecimentos do mundo, usando os óculos que veem as semelhanças e diferenças dentro de cada situação. Os profetas sempre falam a partir de princípios e conceitos que já construíram em sua maneira de enxergar o mundo.

O profeta Elias, por exemplo, viu a idolatria do povo de Israel e disse que não choveria por um tempo determinado.[15] Elias não profetizou isso do nada. Ele somente

---

[13] Romanos 12.6b-8.
[14] Baseado em **Designed for fulfillment: a study of the redemptive gifts**, de Charles R. Wale Jr.
[15] 1Reis 17.1.

declarou o princípio que Deus já havia descortinado no livro de Deuteronômio: "Se não derem ouvidos à voz do Senhor, seu Deus, deixando de cumprir todos os seus mandamentos [...] o céu sobre a cabeça de vocês será de bronze, e a terra debaixo de vocês será de ferro. Por chuva sobre a sua terra, o Senhor lhes dará pó e cinza."[16] Elias viu o que estava acontecendo à sua volta e lembrou às pessoas do princípio de Deus: "Uma vez que vocês se afastaram de Deus, Deus vai fazer com vocês o que ele deixou escrito no livro de Deuteronômio. Ele vai fechar os céus para que não haja chuva na terra".

Por causa dessa maneira quase "impessoal" de ver o mundo, muitos acham que os profetas são frios, negativos e desumanos. Mas eles não se veem assim. Eles entendem que Deus deu para eles a missão de desvendar os princípios que regem o mundo e declarar essa mensagem a todos. Os profetas têm um grande poder de concentração, abstração e análise, e conseguem enxergar "as forças e os movimentos" por detrás dos acontecimentos e das pessoas. Eles sempre vão participar de uma conversa, dizendo de um modo claro e direto: "Isso está acontecendo [...] por causa disso, daquilo e daquilo outro".

Os profetas se sentem felizes quando podem servir as pessoas, ajudando-as a enxergar as razões por trás dos erros e acertos que tiveram. Eles se sentem realizados quando podem ajudar alguém a tomar uma decisão, mostrando para essa pessoa os prós e os contras de cada cenário. Os profetas são os melhores intérpretes dos acontecimentos do mundo.

[16] Deuteronômio 28.15,23,24.

O servo

Os servos têm a facilidade de ver a necessidade do outro e de se desdobrar para suprir o que está faltando. Eles se sentem felizes quando podem ajudar o outro, e não fazem isso para serem vistos ou admirados, mas porque se sentem impulsionados a ajudar. O desejo de ajudar está neles, ou seja, faz parte do tecido de que eles são feitos. Profetas preferem atuar nos bastidores e não têm dificuldade de ver outras pessoas assumindo o protagonismo na história. Na verdade, eles se alegram quando veem as pessoas a quem ajudaram assumindo os lugares de liderança.

A Bíblia nos conta alguns momentos da vida de Barnabé, deixando-nos ver o tecido espiritual do qual ele era feito. É fácil percebermos que Barnabé trazia a identidade de servo. Quando, por exemplo, todas as pessoas se afastaram de Paulo, Barnabé se aproximou dele, ofereceu o suporte necessário e o apresentou aos apóstolos.[17] Ele viu a necessidade e se prontificou a suprir o que estava faltando e a corrigir o que estava errado. Anos depois, quando o Evangelho chegou à cidade de Antioquia, Barnabé se lembrou de Paulo, que estava "esquecido" em Tarso. Ele o chamou para fazer parte do time de líderes que estava plantando a nova igreja.[18]

Os servos não têm dificuldade de montar equipes para que um trabalho seja feito. Pelo contrário, eles preferem trabalhar com outras pessoas a trabalhar sozinhos. Quando a igreja de Antioquia decidiu enviar uma equipe missionária para pregar o Evangelho em outros lugares, Barnabé aceitou

---

[17] Atos 9.26,27.
[18] Atos 11.25,26.

o desafio e se tornou o líder daquela equipe. É interessante observar que Lucas mostra a preeminência de Barnabé sobre a equipe, intencionalmente, colocando o nome de Barnabé antes do nome das demais pessoas. Durante o início da jornada, o nome de Barnabé sempre aparece primeiro.[19] Contudo, com o passar dos dias e à medida que o trabalho missionário avançava, percebemos que Lucas faz uma inversão na ordem dos nomes: o nome de Paulo começa a receber destaque e a aparecer antes do nome de Barnabé.[20]

Isso nos leva à conclusão de que, tão logo percebeu o desenvolvimento dos dons de liderança de Paulo, Barnabé recuou da posição de líder e deixou que Paulo, a partir dali, tivesse o protagonismo nas viagens missionárias. Barnabé definitivamente recebeu de Deus a identidade e a vocação de servo.

Os servos não têm dificuldade de iniciar atividades, montar equipes, treinar outros, ver as pessoas crescerem e, então, recuarem para os bastidores. A alegria deles é preparar o caminho para que outras pessoas cresçam e possam ocupar lugares de proeminência na sociedade. Ao lado de cada líder bem-sucedido, nós sempre encontraremos servos motivados pela alegria em ajudar.

O mestre

As pessoas que gostam de fazer pesquisas para fundamentar aquilo que dizem e escrevem carregam a identidade e têm a vocação de mestre. Os mestres estão sempre em busca da verdade e jamais se deixam levar por afirmações

---

[19] Atos 13.1,2,4,7.
[20] Atos 13.13,42,43,46,50.

superficiais ou histórias mal contadas. Antes de tomarem uma decisão ou darem alguma palavra de orientação para outra pessoa ou grupo, eles precisam ter a certeza de que analisaram a situação por todos os ângulos e de que possuem toda a informação necessária. Somente depois de gastarem horas estudando e analisando um tema, eles se sentem aptos a dar a opinião deles. Obviamente, todo esse cuidado e, muitas vezes, esse preciosismo, faz que eles sejam muito lentos para tomar uma decisão ou emitir um parecer.

Lucas é um exemplo bíblico de alguém que recebeu a identidade de mestre. Ele iniciou o seu Evangelho dizendo que muitas pessoas já haviam narrado os acontecimentos relacionados ao nascimento, a vida e à morte de Jesus. Contudo, em vez de se contentar com as histórias contadas por outros, ele decidiu fazer uma investigação cuidadosa de tudo, desde a origem.[21] Não é que ele tenha duvidado das informações que havia recebido, mas ele precisava trazer fundamentação à verdade que havia ouvido. Aquela verdade precisava ser validada por meio de leituras, conversas, pesquisas e análises. E isso não é pesado para o mestre; pelo contrário, ele encontra a felicidade se debruçando para investigar um único tema a partir dos mais diversos ângulos.

Muitas vezes, o mestre vai se aprofundar nos detalhes, como Lucas fez quando quis que as pessoas soubessem o período exato em que João Batista começou o ministério. Em vez de ser sucinto, ele entrou nos pormenores, escrevendo:

---

[21] Lucas 1.1-4.

> No décimo quinto ano do reinado de Tibério César, sendo Pôncio Pilatos governador da Judeia, Herodes, tetrarca da Galileia, seu irmão Filipe, tetrarca da região da Itureia e Traconites, e Lisânias, tetrarca de Abilene, sendo sumos sacerdotes Anás e Caifás, a palavra de Deus veio a João, filho de Zacarias, no deserto.[22]

O que para alguns são detalhes desnecessários, para o mestre são informações imprescindíveis.

Os mestres se sentem felizes quando podem ajudar as pessoas a tomarem decisões ou avançarem em algum projeto. Eles entendem que quanto mais informações uma pessoa receber, mais segurança ela terá para dar os passos em direção ao futuro. Os mestres são as nossas melhores "âncoras" e os lugares mais confiáveis de estabilidade dentro de uma equipe.

O encorajador

Os encorajadores se sentem impulsionados a falar e a ministrar para multidões. O desejo de compartilhar o que sabem com o maior número de pessoas faz parte do seu tecido espiritual. Eles não têm medo de se tornarem o centro das atenções; pelo contrário, os encorajadores gostam e se sentem à vontade quando estão falando ou cantando, ou palestrando para muita gente. Eles reconhecem que isso faz parte do seu chamado e que jamais poderiam agir de maneira diferente. As pessoas precisam saber o que eles sabem e ouvir o que eles têm a compartilhar.

---

[22] Lucas 3.1,2.

Quando os encorajadores assumem a plataforma, as pessoas são atraídas a eles, pois têm uma habilidade imensa de se comunicar.

Paulo é um exemplo típico de alguém que carregava a identidade do encorajador. A alegria de Paulo era estar rodeado de pessoas atentas ao que tinha para dizer. O apóstolo entendia que a sua missão era persuadir as pessoas a seguirem o Evangelho. Por isso, desde "Jerusalém e arredores até o Ilírico", passando por inúmeras cidades e vilarejos, ele divulgou o Evangelho de Cristo, esforçando-se, "deste modo, por pregar o evangelho não onde Cristo já foi anunciado".[23] Onde havia gente, ali também estava Paulo. A sua urgência era compartilhar a mensagem que tinha com o maior número possível de pessoas. Certa vez Lucas disse que Paulo falou por horas a fio para um grupo na cidade de Trôade. Nem mesmo o acidente de Êutico, que caiu do segundo andar da casa enquanto o ouvia falar, abalou Paulo que, depois de orar pela ressurreição do rapaz, continuou o seu ensino até o amanhecer.[24]

Ele sabia que tinha uma palavra para o povo, e que nada poderia ser obstáculo para que a mensagem fosse anunciada! Quando ele esteve na cidade de Éfeso, por exemplo, Lucas disse que Paulo ensinou na escola de Tirano, diariamente, por dois anos, "de modo que todos os habitantes da província da Ásia ouviram a palavra do Senhor, tanto judeus como gregos".[25] Mesmo sofrendo perseguições e críticas, Paulo não parou. Ele se sentia feliz pelo privilégio de

---

[23] Romanos 15.20.
[24] Atos 20.7-12.
[25] Atos 19.10.

cumprir a sua missão, que era compartilhar o Evangelho para o maior número possível de pessoas.

Os encorajadores não têm dificuldade de romper nenhuma barreira, quaisquer que sejam, quer econômicas, sociais ou políticas, pois eles são movidos pelo desejo de compartilhar a mensagem que carregam no coração. Os encorajadores são muito relacionais e têm facilidade para montar equipes e construir *networks*. Eles se sentem felizes quando podem usar os seus dons para representar o grupo e são os melhores comunicadores de uma comunidade.

O doador

Salomão disse que algumas pessoas receberam o dom de adquirir riquezas e a bênção de desfrutar esses bens.[26] Os doadores são esse tipo de pessoa. Eles são criativos, têm a capacidade de desenvolver as suas ideias, fazer crescer os seus negócios e guardar recursos para as gerações seguintes. Os doadores vivem no presente, mas com os olhos no futuro. Doadores conseguem fazer que os ricos se unam para investir em projetos comuns, que tragam bênçãos para os seus filhos, netos e para as gerações futuras.

Abraão é o exemplo bíblico de alguém que carregava a identidade do doador. A maioria das suas decisões — a saída de Ur dos Caldeus, a viagem para a terra de Canaã, os arranjos com Sara, o envolvimento com Hagar — foi tomada porque ele queria ter filhos, prosperar bastante e deixar um legado para as gerações seguintes. Quando Abraão entendeu que era tempo de o seu filho se casar, não deixou Isaque escolher

---

[26] Eclesiastes 5.19.

quem quisesse, mas se envolveu pessoalmente na escolha da futura nora, enviando o seu servo com dez camelos abarrotados de riquezas para uma viagem até a Mesopotâmia, dizendo: "Você não buscará uma esposa para o meu filho entre as filhas dos cananeus, no meio dos quais estou morando, mas você irá à minha parentela e ali buscará uma esposa para Isaque, meu filho."[27] Abraão era muito pragmático nas suas ações e decisões. O foco principal dele era preparar o futuro para os seus filhos, cuidando para que as gerações depois dele seguissem os mesmos valores e princípios que tinha.

Os doadores se sentem felizes quando podem preparar o futuro das gerações. Eles têm facilidade de se conectarem com as pessoas, que podem ajudá-los a planejar, a produzir riquezas e a construir o futuro em que os seus filhos viverão. Os doadores são os melhores estrategistas para fazerem o planejamento para os avanços e conquistas do grupo a médio e longo prazos.

O líder

Os líderes têm muita facilidade para implementar e gerenciar a visão que receberam de outros. Líderes conseguem elaborar planos, convocar pessoas, definir os papéis e desenvolver as estruturas necessárias para que uma ideia deixe de ser projeto e se concretize no mundo real. Os líderes não temem as pressões e não se importam com aquilo que os outros falam a seu respeito, mesmo que sejam contrários às suas posições. Os líderes não se preocupam em agradar os outros, mas em cumprir a missão que receberam.

---

[27] Gênesis 24.3,4.

Eles não são motivados por pessoas, mas por tarefas, ainda que essas tarefas tenham por objetivos melhorar a vida de pessoas. A alegria deles é construir edifícios, levantar estruturas, montar sistemas e implementar os passos para a criação das organizações.

Neemias foi "desenhado" por Deus com o dom de liderança. Quando Neemias ouviu que os muros de Jerusalém ainda estavam caídos e as suas portas permaneciam queimadas, ele entendeu que deveria fazer alguma coisa em prol da cidade e do povo judeu. Ele passou um tempo em oração e, então, elaborou o seu plano de ação para a reconstrução da cidade. Neemias pediu que o rei lhe concedesse uma licença do trabalho, cartas para viajar em segurança e autorização para conseguir madeira das florestas reais. Quando chegou a Jerusalém, Neemias fez um diagnóstico da situação, mobilizou as pessoas, compartilhou o plano de reconstrução da cidade e iniciou o trabalho. Todas as vezes que alguém tentava fazê-lo se distrair e o chamava para uma conversa fora do seu propósito, Neemias lembrava as pessoas que ele não tinha tempo a perder, pois precisava concluir uma grande obra. Ele se importava com o povo, mas entendia que a sua missão principal era reconstruir as estruturas da cidade e implementar as leis necessárias para que a comunidade pudesse viver bem.

Os líderes são focados em projetos que podem melhorar a vida das pessoas. A alegria deles é se ocuparem com estratégias, estruturas, sistemas e tudo o mais que possa contribuir para que uma organização cresça e se torne uma influência na sociedade. Líderes são construtores de impérios e grandes estruturas. Eles são os mais preparados para serem os CEOs dentro de uma organização.

O misericordioso

Todos nós devemos ser misericordiosos, mas algumas pessoas, de modo especial, carregam a identidade da misericórdia. Os misericordiosos têm facilidade de se relacionar com todas as pessoas, até mesmo com os desconhecidos. Na verdade, eles atraem as pessoas para que estejam por perto. Eles são como um imã. Os outros se aproximam dos misericordiosos, percebem neles um lugar seguro e se sentem à vontade para compartilharem as suas histórias, inclusive as feridas do coração. Os misericordiosos conseguem escutar a todos com paciência e com o coração inteiro, pois entendem que a sua missão é ministrar cura às pessoas que Deus coloca diante deles.

Rute carregava a identidade da pessoa misericordiosa. Por exemplo, ela escolheu renunciar o seu povo, a sua terra e a sua cultura para acompanhar a sogra que, depois de tantas experiências de sofrimento, decidiu voltar para a região de origem. Rute sentiu a dor daquela mulher, se compadeceu, renunciou a própria vida e mudou de nação, porque queria ver Noemi curada no coração e na alma. As palavras de Rute para Noemi são um retrato do coração de quem tem o dom de misericórdia:

> Não insista para que eu a deixe nem me obrigue a não segui-la! Porque aonde quer que você for, irei eu; e onde quer que pousar, ali pousarei eu. O seu povo é o meu povo, e o seu Deus é o meu Deus. Onde quer que você morrer, morrerei eu e aí serei sepultada. Que o SENHOR me castigue, se outra coisa que não seja a morte me separar de você.[28]

[28] Rute 1.16,17.

Essas palavras não foram ditas por constrangimento ou por algum desejo de agradar a Noemi. Rute realmente sentia o impulso de estar ao lado da sogra naqueles momentos tão difíceis. Ela queria ver a sogra amparada, realizada e feliz.

Os misericordiosos se sentem realizados e felizes quando, por meio de suas atitudes e palavras, conseguem promover a cura do outro. Eles não se sentem empurrados para ministrarem às multidões, mas àqueles que foram feridos e abandonados. Os misericordiosos são os melhores conselheiros, discipuladores e pastores de uma comunidade.

Você é feliz?

James Houston escreveu:

> A felicidade não cai em seu colo por acaso ou acidente, mas é fruto de um modo de vida particular que inclui disciplina, autorreflexão, influência sobre outros, satisfação pessoal, segurança e paz interior [...]. Ela [a felicidade] é tudo o que proporciona bem-estar ao nosso eu; harmonia e afirmação dos outros; profundidade e perspectivas com respeito às realidades espirituais ao nosso redor e acima de nós."[29]

A nossa experiência de felicidade dependerá do tanto que nos conhecemos e servimos o outro tendo como base as forças, as habilidades e os dons que recebemos de Deus. Todos nós fomos planejados por Deus com características e potenciais únicos. O salmista expressou a singularidade da nossa identidade, dizendo: "Os meus ossos não te foram

---

[29] HOUSTON, James, p. 13.

encobertos, quando no oculto fui formado e entretecido como nas profundezas da terra".[30] Precisamos nos conhecer a nós mesmos e entender a missão que recebemos de Deus para desfrutarmos a experiência da vida feliz. Entretanto, antes de olharmos para as necessidades do mundo, não podemos nos esquecer de olhar para dentro da nossa própria casa. A felicidade da nossa família e do nosso casamento são a nossa primeira missão. É sobre isso que falaremos no próximo capítulo.

[30] Salmos 139.15.

CAPÍTULO 6

O CASAMENTO E A
felicidade

POR ANA PAULA VALADÃO BESSA

Ainda me lembro de quando eu, Ana, era uma menininha, sentada na calçada esperando o ônibus escolar. Eu tinha um caderno grande e nele fazia um desenho. Aos 8 anos de idade, já planejava como seria o meu vestido de casamento! Anos depois, no dia 13 de setembro de 2000, o meu vestido de noiva não foi nada igual ao que imaginei na infância, e o casamento dos sonhos passou por desafios que aquela garotinha nem sequer tinha ideia de que atravessaria. Acho que a menina romântica acreditou no "felizes para sempre" do final dos filmes e não sabia que a felicidade, na verdade, é uma construção.

Já na lua de mel, as nossas diferenças começaram a aparecer. Estragamos um dia da viagem por causa de uma discussão boba. Hoje, damos risada quando nos lembramos dela. "Os opostos se atraem" realmente faz sentido, e é no dia a dia do casamento que descobrimos o outro como alguém tão diferente de nós mesmos que, somente se aprendermos a nos adaptar a quem esse outro é, experimentaremos a felicidade na vida a dois.

Note bem, eu não disse "se conseguirmos mudar quem o outro é" seremos felizes. Vou repetir: "Somente se aprendermos a nos adaptar a quem esse outro é, experimentaremos a felicidade na vida a dois". A via é de mão dupla.

Mas para nós, mulheres, essa missão é ainda mais clara nas Escrituras. Afinal, fomos criadas para suprir uma necessidade: "Então o SENHOR Deus declarou: 'Não é bom que o homem esteja só; farei para ele alguém que o auxilie e lhe corresponda' ".[1]

Somos a que completa o que faltava, a que ajuda, e isso não nos diminui. O mesmo termo no original hebraico, *ezer*, é usado para descrever o próprio Deus, que, na Bíblia, muitas vezes é chamado de nosso ajudador. Por isso, falo especialmente às mulheres, que foram feitas para ocupar esse lugar ao lado de um homem a quem vão precisar corresponder e auxiliar.

Se você, mulher, já se casou, quanto antes compreender que tipo de homem seu marido é, e decidir se adaptar a ele, mais rapidamente encontrará a tão sonhada felicidade. Se ainda é solteira, recomendo o autoconhecimento e, então, a observação atenta dos "candidatos".

Será que esse tipo de homem é o que quero completar? Serei a melhor companheira para ele? Que tipo de mulher eu sou para que seja mais fácil me submeter à liderança dele e edificá-lo a fim de que cumpra todo o seu potencial? Será que eu também me sentirei plenamente realizada?

Para os maridos, tenho conselhos importantíssimos, de acordo com o tipo de homem que você é. Para os solteiros, deixo as seguintes perguntas: Será que essa mulher é o tipo que eu preciso para me completar? Vou amá-la e aperfeiçoá-la como Cristo faz com a igreja[2] ou vou sufocá-la e impedir que seja quem Deus a criou para ser?

---

[1] Gênesis 2.18, NVI.
[2] Efésios 5.25-28.

Essas e outras respostas é o que vou compartilhar nessa descoberta maravilhosa dos tipos de homens que existem e dos tipos de mulheres que os completam.[3]

O homem comandante

O tipo de homem comandante deseja chegar em casa todos os dias e encontrar a esposa sempre ali, pronta para servi-lo. Ele é um homem forte que pode parecer rude na superfície, mas tem bom coração. Sua mulher precisa aprender a não se ofender facilmente. Enquanto muitos se esquivam, o homem comandante é um líder nato e não teme a responsabilidade de estar à frente de um grupo de pessoas e dizer o que elas devem fazer. Ele não se importa tanto com a oposição e com o aborrecimento das pessoas. Ele vai comandar grandes instituições, pode ser um excelente político, ocupar altas posições na sociedade ou ser um honrado militar. Está disposto a grandes sacrifícios pelo bem do maior número de pessoas. Mas, mesmo que tire de seus bens, para garantir que seus funcionários recebam salário durante uma pandemia, o homem comandante geralmente dá a volta por cima.

Se for um homem espiritual, ou um homem não crente maduro, vai servir a comunidade com altruísmo e ajudar muitas pessoas. Mas, se for carnal e egoísta, seus subordinados no trabalho e, especialmente seus filhos e sua esposa, vão sofrer com sua rispidez, que pode chegar a ser violenta. Para o homem comandante, a Bíblia adverte: Seja mais dócil

---

[3] Inspirado no livro **Created to Be a Help Meet**, de Debi Pearl.

com sua esposa!⁴,⁵ Mas lembre-se: geralmente ele não é um homem mau ou cruel. Na maioria dos casamentos, ele apenas tem a expectativa de ser honrado e obedecido e reage mal quando não recebe esse respeito.

O comandante geralmente se casa com uma mulher bonita. Sua esposa é um troféu que ele orgulhosamente exibe desfilando a seu lado. Se ela for sábia, vai se assentar gloriosamente no trono ao lado dele, em segundo lugar. Ele parece ser quase autossuficiente, mas, se ela conquistar seu coração, ele lhe dará todo o seu reino! Por isso, a mulher do comandante é do tipo rainha. Você se lembra como Vasti foi substituída por Ester na história bíblica? O homem comandante é capaz de deixar a esposa e logo se casará com outra se ela não lhe obedecer. A rainha Ester nos mostra com seu exemplo como alcançou o favor do rei Assuero, apelando a ele na hora certa. A mulher do comandante precisa saber quando e como falar quando tiver que fazer um pedido ou tratar de um assunto delicado com o marido. Ela precisa fazer um apelo sem desafiar sua autoridade. Como Ester serviu dois banquetes e se arrumou bem bonita para atrair o favor do rei, a mulher rainha pode usar dessa mesma sabedoria para alcançar seus objetivos.⁶

O homem comandante não tira o lixo nem participa das tarefas domésticas instintivamente. Sua natureza é a

---

[4] De acordo com 1Pedro 3.7, Deus não ouve as orações do marido que não trata a esposa com honra, como a parte mais frágil.

[5] Uma mulher casada com um homem violento deve procurar ajuda para proteger a si mesma além de defender a integridade física e emocional de seus filhos.

[6] Ester 5.1-7.

de ser servido, mas fora de casa ele trabalha duro e normalmente é um bom provedor, para que sua esposa não precise trabalhar fora. É bem provável que, se tiver condições, ele pague para que a esposa tenha ajudantes. Se for honrado por sua mulher e pelos filhos, ele se tornará um homem protetor que sempre dará o melhor àqueles que ama. Mesmo se o seu marido não tiver alcançado grande prosperidade financeira, ou não ocupar uma posição de autoridade no trabalho, lembre-se de fazê-lo sentir que seu lar é o reino dele, você é sua rainha adorada e juntos irão viver muito felizes.

O comandante gosta de falar de seus planos e de suas conquistas. Mas, se tiver abandonado a mulher e os filhos e perdido seu reino particular, irá se gabar ainda mais de outros feitos e pode se tornar insuportável. Se não tiver atingido seus alvos financeiros, pode ser que invente histórias e aumente os números sobre supostas realizações. O homem comandante é objetivo, não muito emotivo. Não tem paciência com gente melindrosa e precisa que a esposa o ajude a se lembrar das necessidades individuais das pessoas. Ele não gosta muito de visitar doentes ou os que estão prestes a morrer. No entanto, conte com esse grande líder quando a pressão aumentar. Ele pode até mudar princípios e regras para beneficiar o maior número de pessoas, ainda que isso cause dor em alguns que estarão no caminho enquanto ele executa a tarefa. Se estiver envolvido em um ministério eclesiástico, você já entendeu que ele não será muito pastoral. Mas, sob boa liderança, as instituições podem se tornar um grande império. Por causa de suas grandes conquistas, o comandante geralmente será um homem invejado.

Lembre-se de que o exemplo bíblico para a esposa é a rainha Ester. Para estar no palácio, ela abdicou de outras liberdades e possibilidades de vida e se dedicou a estar bela, pronta e disponível para o rei Assuero, quando ele a chamasse.[7] A mulher rainha não vai viver seus próprios sonhos. Seu projeto de vida vai ser dedicar-se a cuidar do marido para que ele alcance suas grandes realizações. Se permanecer seu lado, ela vai ser iluminada pelos holofotes da cerimônia pública quando ele for condecorado e vai desfrutar das recompensas e dos reconhecimentos advindos das conquistas do esposo. O ditado popular mais conhecido sobre esse casal é: "Por trás (ou ao lado) de um grande homem, existe uma grande mulher".

O homem comandante reflete a imagem e a semelhança de Deus como Rei soberano.

As palavras-chave para a esposa rainha são: servir, honrar e obedecer.

O conselho para esse marido é: trate a sua esposa com doçura.

O homem visionário

É bem possível que algumas pessoas tenham lido e identificado seu marido, ou a si mesmos, como o comandante. Mas não estranhe se agora, ao ler sobre o visionário, você perceber algumas semelhanças. Todos os homens vão apresentar uma combinação de tipos e em todos eles podemos ver a imagem de Deus refletida em sua natureza. Deus se revela visionário na pessoa do Espírito Santo e de todos

---

[7] Ester 4.11.

os profetas, verdadeiros ou falsos; todos os sonhadores, que transformam o mundo, certamente são desse tipo.

Esses homens são cheios de ideais. Podem ser daqueles que não se conformam com a injustiça e são ativistas à frente de uma causa social; ou são os cientistas em busca de uma vacina; ou inventores, capazes de se dedicarem incansavelmente a uma iniciativa que promete revolucionar a vida das pessoas e mudar o mundo. Se gostar de teologia, o visionário vai questionar temas que não chamam a atenção de todos, como: "Será que devemos comemorar o Natal?" ou: "Jesus morreu na quarta ou na sexta-feira?". Para o visionário, o tema em que está focado é muito importante. Ele é o tipo que gosta de confronto e quer mudar as coisas. Mesmo assim, a maioria dos visionários não age na prática para gerar transformação e apenas reclama das coisas como estão. Eles têm a necessidade de se expressar verbalmente e muitos são artistas, precisam usar a música e dons de comunicação para fazer as pessoas saberem sobre seu ideal. Muitas pessoas vão segui-lo, admirá-lo, vão investir e até deixar tudo para segui-lo sob sua liderança.

O visionário é empreendedor e assume riscos facilmente. Não espere que fique no mesmo emprego das 8h às 18h ou que more na mesma casa por trinta anos. Ele está sempre inquieto, inovando, investindo na nova onda de negócios e provavelmente irá se mudar de cidade e até de país algumas vezes na vida. O visionário pode se deslocar para o novo território em busca de um sonho, sem saber exatamente o que o espera nem como sustentará sua família. Geralmente a esposa de um homem visionário será muito rica ou muito pobre, porque suas iniciativas podem dar muito certo ou muito errado. Mas, mesmo se ele for como Thomas Edson, que tentou 10 mil vezes até que finalmente inventasse a lâmpada elétrica, lembre-se de que esse homem, independentemente de seu sucesso financeiro, tem o sentimento de algo grande dentro de si. Se a esposa permanecer a seu lado enquanto ele tenta, será a mulher que estará lá quando seu reconhecimento chegar. Essa mulher será a primeira pessoa a acender a lâmpada na cerimônia pública de honra ao grande visionário! Se estiver à frente de uma igreja, esse pastor profeta incrementará a programação, que sempre será variada e criativa, nunca estagnada na mesmice.

Geralmente quem reclama do visionário não é a esposa, mas a mãe dela. "O que esse louco está fazendo levando a minha filha e os meus netos para esse lugar?" Um dos conselhos para a mulher do visionário é que pare de ouvir a mãe e as vozes ao redor, que não compreendem sua natureza. Para encontrar a felicidade no casamento ao lado de um homem visionário, eu chamo essa mulher de elástica. Ela deverá estar disposta a ser flexível, a mudar de realidade rapidamente, a aprender a gostar de aventuras e, haja o que houver, venha o que vier e por onde quer que for, ser a companheira apoiadora de seu grande homem. Mesmo que ele venha com outro sonho maluco, é melhor que ela ouça e vibre, ore a Deus por sensatez e deixe que, com o tempo, ele volte e peça sua opinião. Se ganhar a confiança dele, a mulher elástica se tornará a bússola, o GPS do visionário, ainda que ele leve o crédito como o líder da equipe. Ele vai contar com ela como seu lugar de estabilidade, ao mesmo tempo que pede incentivo e coragem. Por ser propenso à melancolia, sua esposa precisará ter uma visão positiva da vida e ser sua maior fã e torcedora. Será muito bom que ela não seja dada a muitos gastos, pois ele pode precisar dela e de suas habilidades para poupar e ser boa administradora das economias.

Como Debi Pearl[8] conta, um casal saiu para a lua de mel dos sonhos — uma aventura de bicicleta, com o mínimo planejamento dos lugares para se hospedar, um mapa e a rota que apontava para onde queriam chegar. Logo no primeiro dia eles se desentenderam, porque a esposa percebeu que estavam indo na direção errada. Ele não dava o braço a torcer pois, para esse homem, é muito importante estar certo. Se houve algum desvio no caminho foi culpa da falta de sinalização ou algum outro problema na estrada.

> O que ela podia fazer? A jovem esposa, desgostosa com a forma em que estavam se relacionando, ponderou em como aquele poderia se tornar o padrão para o resto da vida de ambos. Enquanto meditava no assunto, ela se deu conta de que era muito importante para ele ter razão e estar no controle, e que realmente não importava qual caminho tomassem. Eles tinham iniciado a viagem para estarem juntos, não para chegarem a algum lugar específico.[9]

Para a mulher elástica, é essencial aprender a desfrutar da viagem da vida, qualquer que seja a estrada e a direção.

O visionário pode levar assuntos muito a sério e sua esposa precisa ser equilibrada, para não deixar que pequenas coisas tomem proporções que fujam ao controle. Ela não deve falar mal dos outros para ele, especialmente de

---

[8] **Created to Be a Help Meet**, p. 83.
[9] Ibidem. [Tradução livre.]

seus parentes. É possível que, devido a seu forte senso de justiça e para proteger a esposa, ele chegue ao ponto de cortar o relacionamento com essas pessoas. O visionário pode provocar uma divisão na igreja local para defender uma perspectiva teológica ou moral. Nesse caso, a esposa terá um papel fundamental como pacificadora que impede que o marido comece uma guerra.

O visionário ajuda nas tarefas em casa, pode tirar o lixo para fora, mas nem sempre vai se lembrar de fazer isso. Se fizer, pode ser que se distraia enquanto pensa em uma maneira de inventar uma lixeira elétrica que se mova sozinha, ou alguma outra ideia criativa para solucionar problemas no dia a dia da esposa no lar. Pode ser que ele comece algo e pare no meio do caminho, porque, enquanto fazia aquilo, passou em frente a uma parede suja que precisava de uma nova mão de tinta e seu foco mudou para isso. Ele é sinônimo de foco, intensidade e movimento.

Esse homem não é naturalmente consolador. Ele é quem mais precisa do afago da esposa, e ela precisará engolir o choro, colocar os ombros para trás, erguer a cabeça, não se ofender facilmente com a vida e ser cheia de vida e alegria para dar o esteio que ele precisa. Ela não viverá necessariamente seus próprios sonhos, mas os sonhos do marido. A mulher elástica acompanhará o homem visionário por onde ele for para ajudá-lo a realizar os projetos dele. Pode ser que ela se torne uma parte essencial para as realizações desse homem, por exemplo, uma esposa de pastor que assumirá o ministério com ele.

Um exemplo bíblico da mulher elástica é Zípora,[10] esposa de Moisés, um homem visionário. Ele era um imigrante que se mudou para a terra dela depois de ter arrumado confusão, por sua indignação, contra a injustiça no Egito. Por algum tempo, ela teve que morar com os filhos na casa dos pais, enquanto o marido saiu para uma missão impossível. Depois, ela foi até ele no deserto e o acompanhou na peregrinação rumo à terra prometida. Zípora teve uma flexibilidade admirável; mas, por permanecer ao lado de seu homem visionário, ela o viu alcançar as honras e as responsabilidades de um homem seguido por uma multidão, que libertou escravos, destruiu a opressão e transformou a história de uma nação inteira. Moisés se tornou um dos líderes mais respeitados de toda a humanidade, com uma fama que ultrapassa gerações. A honra de Zípora é ter seu nome ao lado do nome dele. Afinal, ela será sempre conhecida como Zípora, a esposa de Moisés.

O homem visionário reflete a imagem de Deus profeta e criador.

As palavras-chave para a mulher elástica são: seguir, encorajar e apoiar o marido.

O conselho para o marido visionário é: escute mais a sua esposa.

O homem estável

Se o visionário é aquele que começa as brigas, o comandante é o que vai liderar as tropas na guerra. Mas quem são os soldados? A maioria dos homens tem o perfil estável.

---

[10] Êxodo 22.1-5.

O senhor estável é quem compõe o numeroso exército que se alista, que vai à luta e sacrifica a própria vida se for preciso. Ele é fiel, leal, trabalha honestamente para sustentar a família, geralmente na mesma profissão por décadas a fio. Por ser previsível e confiável, todos podem contar com esse homem, que é apreciado na comunidade como alguém que está sempre pronto a servir.

De todos os tipos, o estável é o que mais se parece com Jesus, que afirmou não ter vindo para ser servido, mas para servir e dar a vida em resgate de muitos.[11] Por isso mesmo, o senhor estável é muitas vezes menosprezado e considerado fraco, mas sua força está em seu caráter íntegro e honesto, totalmente confiável. Ele é um homem manso e humilde de coração. Não gosta de confrontos, não vai dividir a igreja e releva a hipocrisia das pessoas para manter a paz. Desse modo, sua esposa precisa perceber o valor desse homem bom e, como ele não se autopromove, ela deve fazer o *marketing* que ele precisa, contando para todos quão maravilhoso ele é e como executa seu trabalho com excelência. Se tiver uma esposa que o admire, esse homem estável alcançará o respeito de toda a comunidade.

A mulher do homem estável não precisa aprender a apelar, pois ele está sempre pronto a ouvi-la e atender às suas vontades. Assim como ele não muda de emprego e dorme na mesma cama por trinta, quarenta anos, esse é o tipo de homem que não vai trocar de esposa. Ele segue o conselho bíblico e se alegra com a mulher da sua mocidade.[12]

---

[11] Mateus 20.28.
[12] Provérbios 5.18,19.

Geralmente, quem se divorcia não é o homem estável. A mulher é quem o abandona. Mais tarde, quando ela finalmente apreciar a paz e a estabilidade e procurar um senhor estável, dificilmente encontrará algum disponível. Esse tipo de homem tão precioso não é tão fácil de encontrar.

Quando a mulher do senhor estável conversa com as amigas, elas se impressionam. A mulher elástica, casada com o visionário, se admira por ela ter um marido tão equilibrado. A rainha, mulher do comandante, não entende como ela pode ter tanto tempo livre e disponível para fazer tantas coisas. Ainda assim, se essa esposa tiver a impaciência romântica, vai ter dificuldades em reconhecer o valor desse marido. Ela geralmente é mais acelerada e o julga um homem devagar, lento para tomar decisões e pode chamá-lo de "mole". Ela quer que ele se posicione, pare de deixar que as pessoas usem e abusem de sua bondade. Ela quer que ele mande mais nela e lhe diga o que fazer. Assim, diminuiria o peso que ela carrega de ter que tomar as decisões sozinha. Mas, na verdade, esse homem é como um navio, que se move lenta, mas poderosamente. Ele é como as correntes em águas profundas, que não são vistas na superfície. Ele não se precipita, possivelmente fala pouco, mas, quando abre a boca, é melhor dar ouvidos, porque é um poço de sabedoria.

Muitas vezes, a falta de iniciativa e a precaução desse homem estável podem ser consideradas falta de espiritualidade. Aí está um dos maiores perigos no casamento de uma mulher cristã com um homem estável. Ela quer que ele demonstre paixão por Deus exteriormente, que se envolva na liderança da igreja, e muitas vezes é ela quem o empurra para as atividades e até quem dita o que ele deve falar e fazer.

Se diz: "Papai é quem vai orar agora", ainda que ela pense que o está empurrando para assumir o lugar de liderança que ela pensa que ele não ocupa, logo o depõe, pois, ao final, completa a oração dele e está sempre insatisfeita com o jeito ou com o conteúdo do que ele fez. Enquanto ela tiver que sustentar o envolvimento desse homem na igreja, esse fardo será pesado demais. Se ela parar com essa fixação em vê-lo liderando logo, a seu tempo o próprio Senhor o convencerá. Aquele que chama é quem sustenta e, enfim, ela desfrutará a decisão firme feita pelo próprio marido de assumir aquela responsabilidade.

Mulheres controladoras tendem a enlouquecer quando não entendem que, em vez de tentarem mudar o marido estável, deveriam aceitar como Deus os fez para ser e desfrutar de suas qualidades tão admiráveis. Se os aceitassem como são, eles não lhes causariam nenhum desgosto. Em vez disso, elas ficam esgotadas pela decepção depois de tantas expectativas frustradas e pela falta de gratidão. Debi Pearl descreve: "As tribulações que ele parece lhe causar são, na verdade, suas próprias respostas descontentes ao que ela considera que sejam defeitos nele",[13] e acrescenta: "Esta é a razão por que muitas mulheres insatisfeitas, casadas com o senhor estável, são vítimas de desequilíbrio hormonal, doenças físicas, ou problemas emocionais".

Ao longo dos anos praticando um estilo de vida de desgosto e descontentamento, essa mulher pode se tornar cada vez mais amarga e insuportável. O problema é que não terá ninguém a seu lado para apoiá-la em suas queixas.

---

[13] **Created to Be a Help Meet**, por Debi Pearl, p. 87.

Quando olham para a mulher elástica, muitos a consideram "uma santa, quase uma mártir", que tolera com paz e riso as dificuldades que o senhor visionário faz que sua família atravesse, em busca de seus ideais malucos. A rainha, esposa do comandante, é admirada por sua paciência e dedicação quase exclusiva para servir um homem que demanda tanto dela. Mas a mulher do homem estável é casada com o mais doce, amoroso, respeitador, que nunca fala mais alto, que se emociona e lacrimeja quando o assunto toca seu coração. Ele provê, cuida, protege, não demanda, serve, e ainda assim ela nunca está satisfeita. Nem seus filhos apoiarão uma mãe que reclama de um pai tão presente e amoroso e, quanto mais ela falar mal dele, tentando justificar a sua angústia, mais eles a rejeitarão.

Se assumir esse papel de mulher rixosa,[14] briguenta, crítica e insatisfeita, seu marido será um homem miserável e infeliz; ainda assim, o senhor estável não a abandonará. Ele vai se retirar cada vez mais para seu próprio mundo, calado, distante emocionalmente dela, em vez de desfrutarem da felicidade que uma mulher sábia teria construído no ambiente desse lar.[15] Afinal, o que falta ao senhor estável não é iniciativa, nem posicionamento. Não existe problema algum em ser manso, humilde, prudente e precavido. O que falta a muitos homens estáveis é uma mulher sábia que os edifique por meio de sua admiração e honra, que faça que, ao longo dos anos, esse marido acredite em

---

[14] Provérbios 21.9 diz: "Melhor é viver num canto sob o telhado do que repartir a casa com uma mulher briguenta" (NVI).

[15] "A mulher sábia edifica a sua casa, mas com as próprias mãos a insensata derruba a sua" (Provérbios 14.1, NVI).

si mesmo, alcance o respeito de todos ao redor e se torne o admirado marido da mulher virtuosa de Provérbios 31. Ali está a promessa, o fruto, o resultado de uma esposa que só faz bem, não mal, a seu esposo, cujo coração confia inteiramente nela: "Seu marido é respeitado na porta da cidade, onde toma assento entre as autoridades da sua terra".[16]

Talvez você esteja se perguntando qual é o nome da esposa do senhor estável. Eu a chamo de mulher águia. Afinal, na descrição de Provérbios 31, ela é revelada como essa mulher que voa alto, é dinâmica e cheia de disposição. Ela trabalha fora e traz provisão para o lar. Com seu empreendedorismo e iniciativas, ela garante que seu esposo e seus filhos estarão bem-vestidos, cobertos e aquecidos nos tempos de frio e de dificuldades. Ela adorna a casa com o que há de melhor e, mesmo sendo tão ativa e conquistadora lá fora, consegue administrar o tempo e preparar tudo para que a casa esteja em ordem e todos bem supridos. O esposo é seu lugar de descanso, pelo qual ela não se sente cobrada nem incompreendida. Pelo contrário, ele não se sente ameaçado por seus diplomas e por suas conquistas e até precisa que ela se realize além dele.

Alguns maridos de águias apreciam tanto sua habilidade de administrar, que chegam a confiar a ela toda a gestão dos recursos de ambos. Se ela for sábia, ainda que faça mais dinheiro do que ele, isso nunca será motivo para menosprezar ou abandonar esse marido tão apoiador e carinhoso. A águia reconhece que só pode voar porque tem um lugar de repouso; além disso, de todas as suas

[16] Provérbios 31.23.

realizações, seu casamento e seus filhos são o seu maior sonho realizado. Em um mundo de valores invertidos, com uma visão distorcida do papel da mulher e da feminilidade, ela lutará contra a própria independência. Ela resistirá à tentação de diminuir e desrespeitar a posição de liderança, ainda que mansa, de seu esposo.

Uma das formas práticas para demonstrar que o admira e devolver a ele as rédeas da família é pedindo conselho, ouvindo e acatando o que ele tem a dizer, sem retrucar. Cada vez que a esposa se deixar ser guiada pelo marido e não questioná-lo diante dos filhos, mas buscar e se submeter à sua opinião, seu fardo ficará mais leve. Ela perceberá que, quando seu coração finalmente cultivar a admiração que deve ter por ele, os dois irão funcionar como uma dupla de encaixe perfeito. Seu esposo, empoderado por ela, mandará mais e isso a aliviará. Ainda que, na maioria das vezes, ele decida fazer do jeito dela, sem que isso o ofenda.

Sim! Ele tira o lixo, lava a louça e não se importa de ficar com as crianças. Ele é cheio de compaixão para com os feridos e necessitados, visita os doentes, ouve com paciência e é um ótimo conselheiro. De todos os tipos é o que mais se assemelha ao Bom Pastor que dá a vida pelas ovelhas. Ele é como Jesus, que fez o trabalho que ninguém queria fazer, e lavou os pés de seus discípulos. Ainda que não veja a vida do topo de uma montanha, como o comandante, nem com o foco afunilado e intenso como o visionário, o estável vive com o "pé no chão" e é a ponte perfeita entre os outros dois tipos, que têm nele, um melhor amigo.

O homem estável reflete a imagem de Deus que é o mesmo ontem, hoje, e para sempre.[17]

As palavras-chave para a mulher águia são: admirar, honrar e respeitar o esposo.

O conselho para o senhor estável é: mande mais na sua esposa.

A combinação dos tipos

Como você se vê agora? Como vê o seu cônjuge? Senhor comandante estável? Mulher rainha elástica? Aqui em casa somos o estável visionário e a águia elástica! O meu pai é um comandante visionário e a minha mãe sua rainha elástica. O meu sogro é um comandante estável e a minha sogrinha querida é a sua rainha águia.

Como é lindo e encorajador assistir à dança de casais tão diferentes, felizes e realizados, qualquer que seja a combinação! Nenhum casal começa dominando as técnicas da dança, e é normal pisar no pé um do outro, desentender-se no movimento, até que se conheçam, se ajustem, e se divirtam muito juntos. Se insistirem, sem desistir, quanto mais o tempo passar e os dois aperfeiçoarem seus papéis na dança, o dia a dia será mais leve e alegre nesse embalo.

Nenhum estudo de perfil pode limitar as variáveis que existem em um ser humano. Mas espero, com essa sabedoria prática e bíblica, capacitar cada casal a ser o par bonito de se ver e de viver, que se move em harmonia e, acima de tudo, em felicidade.

---

[17] Hebreus 13.8.

feliciclacke

APÊNDICE 1

A *felicidade* NO TRABALHO*

POR RITA DE CÁSSIA ALVES FRANÇA

---

* Este capítulo foi baseado em SCHIARATO, M. A. R. **O feitiço das organizações. Sistemas imaginários.** São Paulo: Atlas, 2004. Além disso, foram usados os conhecimentos adquiridos nas aulas de Igor Miguel, **Fé e trabalho e bivocação**, do Instituto Tela Negócios, Escola de Empreendedorismo Cristão.

Em 2015, quando iniciei a gestão do Diante do Trono, não imaginava, nem de longe, o tamanho dos desafios que enfrentaria. Durante os mais de trinta anos da minha trajetória profissional, sempre me deparei com inúmeros e empolgantes desafios. Gosto de pensar que fui criada para a execução.

Desde muito pequena, fui desafiada a assumir a liderança da minha própria história. O meu pai faleceu quando eu tinha pouco mais de 5 anos. Diante da viuvez, sem ter formação nem trabalho fixo e com dois filhos pequenos para alimentar e educar, a minha mãe delegou nossa criação e cuidado aos meus avós maternos. Por mais que se esforçasse, ela não conseguia ter muito tempo comigo e com o meu irmão, que era 3 anos mais velho. Desse modo, aprendemos a cuidar um do outro. Além disso, durante quase dez anos, a minha avó, mesmo com tantas limitações de saúde, que sempre exigiam que o cuidado se invertesse, me ensinou a administrar os serviços de casa, o que incluía todas as tarefas de limpeza e cozinha próprios de um lar.

Conheci aquele que viria a ser meu esposo aos 17 anos, e aos 18 anos já estávamos casados. Pela primeira vez, fui desbravar o mercado de trabalho. Cursei a faculdade de

Administração de Empresas, fiz uma especialização e um MBA em Gestão de Pessoas e, em pouco mais de sete anos, a minha carreira havia decolado e iniciava a atuar na área de gestão. Hoje, ao avaliar as minhas experiências e competências desenvolvidas ao longo desses anos em organizações seculares de segmentos variados (educação, entretenimento, telecom e saúde), percebo que Deus me preparava para a missão mais nobre e significativa da minha vida: o Diante do Trono.

O processo

Chegou o dia em que cada um de nós iniciou sua trajetória no mercado de trabalho. Como todo principiante, seja pela falta de experiência anterior, seja pela ausência de mentores e de referenciais a seguir, seja pelas nossas próprias expectativas irreais, éramos ingênuos quanto à dinâmica que a vida profissional exigiria, sobretudo quanto às relações intra e interpessoais. Imagino que seja comum a todos a sensação de que o trabalho trará felicidade e realização. Talvez pela sensação de ser responsável por algo que, por mais simples que pareça, nos desperta para uma reflexão acerca do nosso valor próprio.

Inicialmente, a parte essencial da nossa jornada de descobertas é a observação. Ao atentarmos para as minúcias de comportamento, processos, linguagens (verbais e não verbais), sons, cheiros e experiências conjuntas, vamos construindo o próprio conhecimento sobre o *modus operandi* e as relações de troca e afeto entre o ambiente e as pessoas nele inseridas. Rapidamente, o trabalho deixa de ser apenas um local de exercício profissional e venda de mão de obra.

Schirato, em seu livro *O feitiço das organizações*, descreve o entendimento de sistemas imaginários nas relações de trabalho, em que gradualmente a personalidade do trabalhador é impelida a fundir-se à identidade organizacional, tornando-se parte do processo global. Recordo dos inúmeros momentos quando me senti parte da empresa ou de um projeto relevante, quando o meu trabalho era uma extensão de mim mesma. Houve dias em que, envolvida em alguma tarefa, cheguei a desejar não voltar para casa. Era mágico, pulsante e entorpecedor. Lembro-me especialmente de quando atuava na implantação de um grande projeto, entre 1997 e 1999, que chegava a virar noites sem dormir, esquecendo-me de comer, beber água e até de ir ao banheiro!

Contudo, mesmo diante de tantas realizações e conquistas profissionais, logo me deparei com a realidade de que, por mais satisfatório que fosse, o trabalho não era capaz de me proporcionar alegria completa. Além disso, as intensas demandas eram seguidas de cansaço e frustração, ora por não obter o reconhecimento que julgava merecedora, ora por chegar à conclusão de que talvez tivesse aberto mão de coisas demais, de um tempo que, uma vez perdido, não voltaria mais. Passei a me questionar se era esse o destino cruel a que estava subjugada ou se haveria um jeito de fazer diferente, um jeito no qual Deus pudesse redimir o meu trabalho.

O propósito

Avoda ou *avodah* (hebraico הָעֲבוֹדָה), significa trabalho, adoração e serviço. Em seu sentido original e tradicional, *avodah* foi aplicado a sacrifícios oferecidos no templo em Jerusalém, incluindo o epítome do rito de sacrifício, o complexo e pesado serviço principal do sumo sacerdote no Yom Kippur (Dia da Expiação). Além disso, o simples fato de Deus haver separado uma tribo inteira para a ampla gama de serviços exigidos no tabernáculo, nos leva a pensar em como ele leva a sério o trabalho. O trabalho é parte inerente de quem fomos criados para ser: adoradores. Deus nos confiou três grandes áreas de trabalho, o que conhecemos por *mandatos*, nos âmbitos social, cultural e espiritual. Esses âmbitos descrevem as nossas relações mútuas na sociedade, com a natureza e com os recursos naturais e com ele mesmo — conforme exemplificado anteriormente.

Desde Gênesis (2.15), fica evidente a relação estabelecida por Deus entre a disponibilidade de recursos e a ordem de usufruí-los e transformá-los, conforme as capacidades e as responsabilidades confiadas ao homem. A vocação do homem para o trabalho é inata; após a Queda, no entanto, como todas as demais áreas, essa vocação foi distorcida, apresentando-se imperfeitamente de diferentes maneiras ao longo da história.

De baixa escala e como fonte exclusiva de subsistência, as relações trabalhistas, hoje mercantilistas, globais e multisetoriais, perpassam as esferas políticas, econômicas e sociais, deixando rastros de desordem e desequilíbrio entre o mundo, a natureza e seus habitantes. Como reflexos de um mundo caído, para muitos, pensar no trabalho como possível fonte de algum tipo de felicidade está longe da realidade. Enquanto isso, outros — como no meu caso — entre picos de realização e vales de frustração de um trabalho bem-feito, nos perguntamos se foi para isso mesmo que se deu o nosso chamado. Como o salmista, reconhecendo a brevidade e a finitude dos nossos dias, urge em nós a necessidade de entendermos o nosso propósito nas relações profissionais que desenvolvemos.

"Seja sobre nós a bondade do Senhor, nosso Deus; faze prosperar nossos esforços, sim, faze prosperar nossos esforços." (Salmos 90.17, NVT)

A perspectiva

Em primeiro lugar, é preciso combater as falsas concepções que criamos a respeito do nosso exercício profissional. É fácil ser levado pelas sensações equivocadas de segurança, de estabilidade emocional, financeira e existencial que o trabalho pode nos proporcionar, fazendo-nos acreditar que o nosso valor se define pelo que executamos ou por quão bem o fazemos. Como cristãos, entendemos que, quer seja um trabalho secular quer dentro da igreja, a nossa fonte última de identidade está na obra de Cristo. A exemplo do apóstolo Paulo, que tinha todos os quesitos de vanglória humana (Filipenses 3.3-6), todos os nossos melhores atributos são como refugo diante da sublimidade de conhecer Cristo e participar com ele de seus sofrimentos (v. 7-10). Fomos criados para a glória de Deus (Efésios 1) e somente pelo desempenho obediente do Cristo morto e ressurreto (Efésios 2), a obra das nossas mãos pode ser redimida e finalmente bem utilizada.

Quando entendemos bem essa questão, os nossos esforços se direcionam para o lugar certo e igualmente o nosso coração. As nossas expectativas quanto ao serviço e toda a gama de dons a serem postos em prática, bem como as capacidades e a formação que Deus nos concedeu, se alinham ao que sempre deveriam ter sido. Somos chamados ao exercício da nossa vocação social, cultural e espiritual em todos os lugares que viermos a ocupar.

Ao deixar a nossa casa em direção às funções executivas ou ao ligar o computador *home office*, ao deixar os filhos na escola ou ao acender o fogão para preparar o almoço, ao dirigir até o escritório da igreja para mais um aconselhamento, caminhamos em direção ao propósito divino de, na plenitude deste tempo, convergir todas as coisas em Cristo (Efésios 1.10). Porque se, nele vivemos, nos movemos e existimos (Atos 17.28), certamente nele também trabalhamos.

Nessa ótica, frustrações, injustiças, pessoas difíceis, demandas extenuantes e empolgantes passam a compor o cenário no qual Deus é glorificado e anunciado e o nosso caráter é moldado. Muito mais do que usar oportunidades no trabalho para falar de Cristo, somos chamados a nos tornar como Cristo.

Portanto, em suma, de que modo podemos encontrar felicidade no trabalho? Do mesmo modo que em todas as outras áreas da vida: encontrando-a primeiramente em Deus. A perspectiva mudará quando entendermos que "para quem" fazemos deve reger tudo o que fizermos.

De maneira prática, ore para que o Espírito Santo ajude você a encontrar contentamento em Deus, mesmo diante dos dias azedos ou amargos. Peça a ele que mostre como as dificuldades têm forjado o seu caráter cristão e clame por oportunidades vívidas de testemunho do evangelho. Esteja atento à sua missão de agente do Reino de Deus e busque a sabedoria do Pai para não compactuar com ações escusas, ilegais e rodas de maledicência que possam surgir no seu ambiente de trabalho. Confie no Deus que provê além do seu esforço. Lembre-se: "Se o SENHOR não edificar a casa, em vão trabalham os que a edificam. Se o SENHOR não guardar a cidade, em vão vigia a sentinela. Será inútil levantar de madrugada, dormir tarde, comer o pão que conseguiram com tanto esforço; aos seus amados ele o dá enquanto dormem" (Salmos 127.1,2).

Conclusão

As páginas da Bíblia e o testemunho dos cristãos no decorrer dos séculos mostram que Jesus é quem nos conduz para o caminho da felicidade. Não existe qualquer possibilidade de uma vida feliz sem uma entrega total a Deus. No entanto, essa entrega não se resume a uma decisão tomada em um apelo depois do culto, mas nas decisões que tomamos todos os dias por causa do nosso amor a Jesus. Assim, porque estamos "em Cristo", separamos alguns períodos do dia para estarmos a sós com Deus e servirmos o próximo, e nos entregamos diariamente à graça de dele, pedindo que nos abençoe na nossa missão, no nosso casamento, nos nossos relacionamentos e no nosso trabalho.

É importante fazermos avaliações frequentes da temperatura espiritual. Wesley Duewel nos deu algumas sugestões de perguntas bastante práticas para percebermos a alegria do Senhor na nossa vida:

> É normal para você mostrar um sorriso no rosto? É espiritualmente normal para você dizer palavras animadoras às

pessoas que encontra? Os outros sabem que você geralmente olha o lado positivo das situações? Você é conhecido por um espírito forte de fé quando enfrenta problemas difíceis? Você é conhecido como um cristão que canta? Se não tem boa voz é, mesmo assim, conhecido por citar corinhos ou versos alegres de hinos a outros quando precisam de encorajamento?[1]

Todas essas perguntas nos ajudam a avaliar o estado da nossa felicidade. Mas, se, porventura, nos esquecermos do teor dessas perguntas, podemos medir a nossa vida, considerando algumas palavras do sábio pregador. Ele escreveu:

> Portanto, vá e coma com alegria o seu pão e beba com prazer o seu vinho, pois Deus já se agradou do que você faz. Que as suas vestes sejam sempre brancas, e que nunca falte óleo sobre a sua cabeça. Aproveite a vida com a mulher que você ama, todos os dias dessa vida fugaz que Deus lhe deu debaixo do sol.[2]

No entanto, jamais devemos nos esquecer deste último conselho: "De tudo o que se ouviu, a conclusão é esta: tema a Deus e guarde os seus mandamentos, porque isto é o dever de cada pessoa".[3]

---

[1] DUEWEL, Wesley. **Avalie sua vida**. Curitiba: Editora Luz e Vida, 1996. p. 64.
[2] Eclesiastes 9.7-9.
[3] Eclesiastes 12.13.

felicidade

APÊNDICE 2

JOÃO E A
felicidade

POR CARLOS ANTÔNIO FRANÇA

Introdução

Evangelho de João tem muito a nos dizer sobre a felicidade, mas, de modo explícito, apenas em dois momentos ela é mencionada: Após Jesus lavar os pés dos discípulos (João 13.17) e na conversa com Tomé, a respeito de sua ressurreição (João 20.29). O episódio da primeira referência servirá de ápice desta breve reflexão. Antes de mais nada, porém, é preciso adiantar que lavar os pés uns dos outros é algo que não faz sentido para todas as pessoas (João 13.18). A grandeza desse ato ou de uma prática equivalente será percebida e desejada apenas pelo verdadeiro discípulo, aquela pessoa que acompanha o Mestre e assimila seu ensino. Quem está nessa condição desfruta da felicidade do próprio Jesus: "Tenho lhes dito estas coisas para que a minha alegria esteja em vocês, e a alegria de vocês seja completa". (João 15.11)

Vamos observar um pouco essa jornada de aprendizado.

"E Jesus, voltando-se e vendo que o seguiam, disse-lhes: 'O que vocês estão procurando?'". (João 1.38)

Estas são as primeiras palavras de Jesus, registradas por João. O início da interação com os discípulos ocorre por meio dessa breve frase interrogativa, que nos leva a sondar algo de extrema importância em qualquer situação: a expectativa. A sequência do texto bíblico mostra que a resposta deles foi uma nova pergunta, talvez por terem sido pegos de surpresa. Basicamente, queriam saber o que Jesus tinha a lhes oferecer. Mas qual seria a expectativa deles em relação a Jesus? E o que você espera desta reflexão? Há outro elemento relevante para a sua busca pela felicidade aqui?

A minha intenção é ajudar você a desfrutar de uma medida de felicidade tendo como fundamento o Evangelho de João. No entanto, sei que uma leitura integral do texto bíblico o levará a outras experiências significativas. Pretendo comentar alguns elementos presentes entre os capítulos 1 a 13. Parto do princípio de que, em cada episódio da vida, há uma força que conspira para que a felicidade não aconteça. Estamos falando do pecado, que prejudica a capacidade de se fazer boas escolhas, bem como a possibilidade de desfrutar a alegria nas circunstâncias legítimas. Dessa forma, avançaremos por esse evangelho, tendo em mente que Jesus está o tempo todo agindo como "o Cordeiro de Deus, que tira o pecado do mundo" (João 1.29). Ele não apenas morreria para que o pecado fosse removido. Sua vida, sendo o Cristo, foi um confronto inequívoco com as manifestações do pecado. Portanto, aqueles que o seguem estão habilitados para enfrentar o que sabota a felicidade.

Transformando preconceito em horizontes ampliados

> Filipe encontrou Natanael e lhe disse: "Achamos aquele de quem Moisés escreveu na Lei, e a quem se referiram os profetas: Jesus, o Nazareno, filho de José. Então Natanael perguntou: 'De Nazaré pode sair alguma coisa boa?' Filipe respondeu: 'Venha ver!' ". (João 1.45,46)

Estamos perante a realização da maior expectativa do povo judeu, a qual foi transmitida de geração em geração.

Por isso, quem transmite a notícia do grande achado parece estar cheio de convicção. Ninguém com algo tão bom para contar conseguiria ocultar a alegria; essa pessoa riria até involuntariamente. Entretanto, a mensagem esbarra no preconceito de um homem sincero. Ficamos com a impressão de que, por muito pouco, ele não perdeu a maior oportunidade de sua vida. Milagrosamente, a aparente resistência à fé deu lugar a uma trajetória com frequentes percepções do céu na terra (João 1.50,51).

Será que você e eu deixaríamos passar a felicidade apenas porque ela veio com uma aparência estranha?

Pensando na promessa de Jesus, ao final do capítulo 1 de João, quanta satisfação temos obtido ao perceber o aspecto transcendental nos ambientes comuns?

Discrição e confronto aberto

> Este sinal milagroso, em Caná da Galileia, foi o primeiro que Jesus realizou. Revelou assim a sua glória, e os seus discípulos creram nele. (João 2.11, NVI)

Jesus estava numa festa de casamento. Parecia ser apenas um dos convidados. O vinho estava acabando, e ele providenciou uma grande quantidade de outro vinho de melhor qualidade, feito da água. Apesar de salvar a festa e a reputação da família dos noivos, uma vez que deixar faltar vinho numa ocasião como aquela era considerado algo vergonhoso, o grande milagre ficou oculto de quase todos ali. Por causa disso, ninguém lhe agradeceu nem reconheceu seu feito, mas o Senhor não se importou com isso. Na verdade, o contexto demonstra que o Mestre não estava com pressa de ser notado pelos poderes sobrenaturais que manifestava. Bastava que seus discípulos cressem um pouco mais nele e aprendessem a lição da discrição quando a ocasião pedisse.

Então, é possível ser feliz ao fazer um grande bem a alguém que nem sequer venha a saber, a fim de agradecer e, quem sabe, até recompensar?

> Então ele fez um chicote de cordas e expulsou todos do templo, bem como as ovelhas e os bois; espalhou as moedas dos cambistas e virou as suas mesas. (João 2.15, NVI)

Agora vemos Jesus deixando de lado a discrição e realizando algo que o deixaria, no mínimo, impopular. Seu vigoroso e agressivo protesto contra a violação do lugar sagrado deve ter assustado muito seus discípulos. Em princípio, a felicidade presente aqui decorre da vitória sobre a covardia e a conivência. Isso faz valer a pena os dissabores do confronto com aqueles que tiram vantagens da fome espiritual das pessoas sinceras.

Dando sabor ao saber

> "O vento sopra onde quer. Você o escuta, mas não pode dizer de onde vem nem para onde vai. Assim acontece com todos os nascidos do Espírito". (João 3.8, NVI)

As Escrituras são um sublime mistério com o poder de conectar histórias individuais à grande história de Deus. Não se pode tratá-las como se fossem objetos úteis para administrar a vida. Isso é parte do que Jesus disse ao mestre religioso que se aproximou para uma conversa noturna. Com poucas palavras, o Senhor desconstruiu suas estéreis certezas, a fim de posicioná-lo diante da beleza de ser um aprendiz. Algo essencial precisava renascer na alma do ancião para que as verdades conhecidas se tornassem fonte de liberdade e alegria.

A felicidade de uma pessoa de fé pressupõe humildade e reverência, mas sem perder de vista a pessoalidade do vínculo. O Deus relacional nos trata como responsáveis pelas atitudes e capazes de corresponder à sua graça. Há algo mais do que um ajuste de comportamento a uma norma. Adentramos em um mundo onde somos importantes sem, porém, ocuparmos o centro dos acontecimentos. Assim, aumentamos a percepção da dignidade de sermos criados à imagem e à semelhança de Deus, enquanto vencemos a tentação de praticarmos uma religião utilitarista.

Uma conversa que conecta e uma recusa a tirar vantagens das fraquezas do outro

> Disse a mulher: "Eu sei que o Messias (chamado Cristo) está para vir. Quando ele vier, explicará tudo para nós". (João 4.25, NVI)

Jesus sabia conversar bem com qualquer pessoa. Além disso, amava estar com as pessoas, especialmente quando percebia autenticidade e receptividade. Aqui temos um dos grandes momentos de satisfação para o Mestre e para João, que reservou um espaço considerável para a história em seu evangelho. No entanto, não parecia que esse encontro resultaria em algo tão bom. O homem Jesus estava cansado, sedento e faminto. Então, apareceu uma mulher com um jeito intimidador, quem sabe até sedutor. Ela havia passado por cinco casamentos e no momento mantinha um relacionamento inadequado. Ao iniciar a conversa, demonstra ser bem indagadora e não se sente nem um pouco intimidada na presença de um homem de origem "superior". Daquele encontro, que chamaríamos de evangelístico, herdamos a explanação sobre o assunto mais importante da vida: a adoração.

Por causa de uma mulher inconformada e ousada, Jesus teve a oportunidade e a liberdade de se revelar a uma comunidade. Quando seus discípulos retornaram da compra de alimentos, o Senhor estava tão maravilhado que nem teve pressa de comer. Parece que foi um dos momentos mais felizes de Jesus na terra. Lendo todo o relato com a perspectiva adequada, pode ser também uma das nossas melhores experiências com as Escrituras Sagradas. Ainda temos o aprendizado de como conduzir uma interação que conecta e aguça o anseio pelo relacionamento com Deus de modo adequado.

> Jesus respondeu: "Pode ir. O seu filho continuará vivo". O homem confiou na palavra de Jesus e partiu. (João 4.50, NVI)

O capítulo também registra o milagre que Jesus optou por realizar à distância. Até aí, tudo bem; não era a primeira vez que algo assim acontecia. Mas é preciso lembrar que a bênção foi destinada ao filho de um homem ilustre, de alta posição social. Ser visto na companhia de alguém como ele poderia aumentar bastante a credibilidade do Mestre. Entretanto, a opção seguida foi outra, pois o Senhor não pretendia ser crido ou valorizado como decorrência de algo que não fosse sua própria palavra e atitude. Além do mais, ele jamais se aproveitaria de uma condição de vulnerabilidade de alguém para se promover. Com essa postura, aprendemos a evitar as frustrações e a corrupção de motivações ao tirar proveito da proximidade de pessoas "importantes". Sendo protegido desse mal, escapamos de tristezas e de infelicidades.

Enfrentando a paralisia espiritual

> Imediatamente o homem ficou curado, pegou a maca e começou a andar. Isso aconteceu num sábado. (João 5.9, NVI)

Enquanto a cidade descansava sob os cuidados do Autor de todos os dias, um homem encerrava o período de trinta e oito anos à margem da vida. A Palavra que trouxe à existência o mundo fez o homem paralítico voltar a andar e a sorrir. Uma longa história de dor, solidão e miséria teve seu fim numa fração de segundos. Entretanto, nem todo mundo celebrou, como o relato bíblico nos mostra.

Para certas pessoas de espírito paralisado e alma atrofiada, o milagre diante de seus olhos não poderia ser de origem divina, pois o dia não era apropriado para se fazer nada, nem mesmo o bem. Nós, que estamos distantes histórica e culturalmente, achamos ridícula a objeção dos fiscais do sábado. Mas seria bom verificarmos se não há alguma recusa a celebrar uma manifestação da graça de Deus, apenas porque ela veio de modo "inadequado". Jamais devemos nos esquecer de que o Deus que Jesus revelou é um Ser "indomável". Mesmo sem contrariar seus atributos, ele age por caminhos impensáveis. Portanto, andar sob a liderança dele requer abrir-se para novos horizontes e suportar o desconforto perante novas perspectivas. Por outro lado, não haverá tédio nem comodismo, pois emoções novas surgirão num piscar de olhos. Dá para imaginar uma vida mais feliz?

Provocando o paladar espiritual

> Simão Pedro lhe respondeu: "Senhor, para quem iremos? Tu tens as palavras de vida eterna". (João 6.68, NVI)

A fome deixa qualquer um infeliz e a comida geralmente está associada à alegria. Quando o alimento é resultado de um milagre explícito, dá para imaginar a intensidade do maravilhamento. Foi assim nos dias do profeta Moisés, os quais foram lembrados quando Jesus multiplicou os pães e os peixes. Infelizmente, também nos dois contextos, a satisfação não foi duradoura, nem serviu de incentivo para a atenção à fome espiritual. Vale a pena ler todo o capítulo do evangelho e perceber como o Senhor mostrou ao povo que a indisposição do coração é o principal obstáculo para a felicidade decorrente do relacionamento que se baseia na fé.

As pessoas que inicialmente demonstraram tanto empenho para se aproximarem de Jesus não demoraram para abandoná-lo. Não estavam interessadas em saber de fato que as palavras de Jesus são essenciais para desfrutar a vida já manifesta e meio oculta nas Escrituras. Para nós, é triste saber que a multidão alimentada pelo milagre não se interessava tanto pela comida do céu. O Mestre, contudo, alegrou-se por aqueles que tinham o paladar para apreciar o sabor da verdadeira refeição.

Uma garantia para a felicidade

> "Aquele que fala por si mesmo busca a sua própria glória, mas aquele que busca a glória de quem o enviou, este é verdadeiro; não há nada de falso a seu respeito". (João 7.18, NVI)

A caminhada cristã nos faz perceber que a felicidade está nos encontros regulares com Jesus Cristo. Em sua presença há um incomparável senso de acolhimento. Mas também experimentamos desconforto, pois seu jeito autêntico traz à luz as falsidades imperceptíveis ou escondidas que abrigamos no coração. Portanto, reconhecer quem é Jesus nos faz conhecer a nós mesmos. De modo bem simplista, é sobre isso que trata o capítulo 7 do Evangelho de João.

Jesus está meio escondido em meio à multidão que celebra a festa mais alegre do povo judeu. Em certo momento, o Mestre começa a ensinar, e as pessoas ficam impressionadas com seu conhecimento e com o vigor de sua fala. Jamais uma palavra saíra da boca de alguém com tanta autenticidade. Mas como saber se o ensino era verdadeiro? O versículo selecionado demonstra que somente quem não tem o coração afetado pelo medo da rejeição pode falar a verdade com amor perfeito. Além disso, podemos acrescentar que, perante o Senhor, uma alma sincera reconhece sua fonte do acolhimento e da alegria: o Deus Pai.

A persistente luta contra o sabotador da felicidade

> Disse Jesus aos judeus que haviam crido nele: "Se vocês permanecerem firmes na minha palavra, verdadeiramente serão meus discípulos". (João 8.31, NVI)

O Evangelho de João começa afirmando que Jesus é a Palavra, através da qual tudo veio à existência. Nele também se encontra o propósito de tudo o que existe. Tornando-se gente, de carne e osso, para uma trajetória de redenção da humanidade, atraía as pessoas a si para dar-lhes sentido à vida. Sua palavra remetia à essência das Escrituras já conhecidas pelo povo ao qual pertencia. O que Jesus dizia e a forma com a qual se expressava representavam sua pessoa, seu coração relacional e íntegro. Por isso, o verdadeiro discípulo é aquele que não apenas guarda os conceitos aprendidos, mas que também se faz presente na vida dos outros como ele.

Ninguém se engane, pois ser pessoal, relacional e acolhedor é um grande desafio. A força do pecado, contra a qual todos lutamos, nos impulsiona à impessoalidade e aos vínculos utilitaristas. Ceder a ela, embora mais cômodo, leva ao isolamento e à solidão. Isso é como abraçar a infelicidade, pois contraria a nossa vocação, nascida da semelhança com Deus. Então, nos resta o empenho para seguir as pegadas do Mestre que não teve medo de amar.

Uma felicidade incomparável

> Jesus ouviu que o haviam expulsado, e, ao encontrá-lo, disse: "Você crê no Filho do homem?". (João 9.35, NVI)

Estamos perante um rapaz que parece destinado ao isolamento. Nascido cego, era excluído do convívio normal por ser considerado portador de uma maldição. Sendo curado milagrosamente, foi expulso da comunidade por enxergar demais, espiritualmente falando. Felizmente, nas duas situações, Jesus o encontrou e, como sempre, se fez presente mudando um destino. Sintetizando os dois encontros, podemos fazer a seguinte declaração:

Antes de ver com os olhos, o rapaz nascido cego percebeu o Cristo com seu coração. Agora, livre da escuridão, segue firme e alegre, conhecendo o sentido de sua história. Que importava a rejeição das almas obscurecidas pelo orgulho espiritual, tendo ele iniciado a jornada da adoração com entendimento?

Um dos maiores privilégios do mundo é ajudar uma pessoa a encontrar-se com Jesus. Essa oportunidade pode estar, agora mesmo, à distância de um olhar ou de poucos caracteres em uma mensagem de texto. Será que estou atento aos sussurros daqueles que se veem à margem da vida, mesmo que não lhes falte quase nada? Como me aproximarei dos corações indagadores, oferecendo-lhes a resposta das boas-novas? O Jesus, sempre criativo, certamente tem um meio simples e pessoal de me pôr verdadeiramente presente na vida daquele que será incluído em seu rebanho. Não perderei essa oportunidade de aumentar a minha felicidade cristã.

Um coração preparado para ser feliz

> E muita gente foi até onde ele estava, dizendo: "Embora João nunca tenha realizado um sinal milagroso, tudo o que ele disse a respeito deste homem era verdade". (João 10.41, NVI)

Como é bom não ter uma boa expectativa frustrada!

João Batista removeu as ilusões e as fantasias do povo em relação a Cristo. Sua palavra autêntica chamou os ouvintes a dar uma resposta pessoal a Deus. Em sua presença os corações foram desnudados, fazendo que cada pessoa enxergasse seu pecado e a urgente necessidade do perdão. Isso os fez receptivos à graça e à alegria concedidas por Jesus.

Não dá para lidar com a felicidade adequadamente sem realizar constantes autoexames sobre a situação da nossa alma. Nessa prática, identificamos as atitudes e os conceitos equivocados que ainda fazem parte da nossa identidade. Por isso, é imprescindível ir até Jesus diariamente, por meio da leitura de suas palavras e dos esclarecimentos de quem diz a verdade sobre ele.

A felicidade pode renascer

> Disse-lhe Jesus: "Eu sou a ressurreição e a vida. Aquele que crê em mim, ainda que morra, viverá". (João 11.25, NVI)

Algo que evitamos pensar e falar é que um dia nos sentiremos infelizes por algum tempo, porque alguém que amamos morrerá. Quando uma pessoa morre, deixa outras pessoas tristes. Portanto, a certeza da ressurreição é indispensável para a sobrevivência da felicidade. Sem ela, a desesperança removeria a capacidade de apreciar satisfatoriamente os bons momentos e as agradáveis experiências.

Como é sublime a demonstração do poder de Jesus sobre a morte! Ele removeu a dor da perda e do luto vivenciada por uma família de amigos chegados. Na verdade, o próprio Senhor chorou a partida do amigo que logo a seguir voltaria à vida. Como seus discípulos, igualmente devemos lamentar os falecimentos e falar ao coração dos vivos que a fé em Jesus garante a vida eterna.

A gratidão perfuma a vida

> Então Maria pegou um frasco de nardo puro, que era um perfume caro, derramou-o sobre os pés de Jesus e os enxugou com os seus cabelos. E a casa encheu-se com a fragrância do perfume. (João 12.3, NVI)

Aquele lar, que dias antes cheirava a enfermidade e morte, foi inundado pelo perfume da alegria. Todas as lembranças tristes, até mesmo a temporária decepção por Jesus não evitar a morte de seu amigo, se tornaram coisas do passado. Isso aconteceu por ocasião do banquete de despedida do Mestre amado. Maria ousou honrar Jesus em alto estilo. Para sempre, todos os discípulos se alegrariam por essa casa festiva.

Por qual razão, a energia para suplicar ou lamentar supera a força destinada à celebração? Um desejo atendido e uma oração respondida não motivam tanto quanto o medo e a dor? A piedosa irmã, antes enlutada, demonstrou que seu coração respondia mais fortemente à vida do que à morte. E assim se tornou nossa mestra na arte da felicidade.

Fazendo o outro feliz

> "Agora que vocês sabem estas coisas, felizes serão se as praticarem". (João 13.17, NVI)

Jesus lavou os pés de seus discípulos, que logo seriam chamados de amigos. Eles ficaram transtornados e nada entenderam. Acho que nós também não compreendemos o significado dessa expressão de amor. Mesmo assim, a ordem para lavar os pés também diz respeito a nós, como igualmente é nossa a promessa de felicidade. Contudo, como encarnar a grandiosidade dessa postura que faz daquele que amo alguém tão importante?

Enquanto vivemos de modo relacional, liderados de dentro para fora pelo Mestre que amou tudo o que podia ser amado, aproveitemos cada oportunidade para alimentar a dignidade do irmão amigo e promover sua felicidade. Isso deve nos ajudar a entender o que Jesus fez quando lavou os pés, até mesmo de quem, naquela triste noite, trairia seu amor. Isso pode assustar, mas trata-se de um elemento indispensável no caminho para a nossa felicidade.

Conclusão

Ao concluir o relato da história de Jesus, João admitiu ter feito uma seleção estratégica dos episódios compartilhados (João 20.30,31). Ele disse que o conteúdo reunido era suficiente para ajudar a pessoa que lesse seu livro a crer em Jesus. Tal fé capacitaria essa pessoa a viver por meio de Jesus Cristo, na eternidade e agora, seguindo o mesmo caminho de sua felicidade.

De tantas percepções que o Evangelho de João nos proporciona, sobre as quais discorri sucintamente, destaco aqui a possibilidade de nos fazermos presentes adequadamente nas histórias que cruzam a nossa. Na companhia de Jesus, conseguimos nos aproximar dos corações, de modo reverente e ousado, conscientes de que a pessoa diante de nós é um jardim sagrado, um mistério divino, digno de amor e de felicidade.